E Höhne

Darstellung und Beurteilung des Kantschen Pelagianismus

E Höhne

Darstellung und Beurteilung des Kantschen Pelagianismus

ISBN/EAN: 9783744639262

Hergestellt in Europa, USA, Kanada, Australien, Japan

Cover: Foto ©ninafisch / pixelio.de

Weitere Bücher finden Sie auf **www.hansebooks.com**

Jahresbericht

der

Fürsten- und Landesschule Meissen

vom Juli 1880 bis Juli 1881,

womit zugleich

zur Feier des Stiftungstages

den 2. Juli

ergebenst einladet

Dr. Hermann Peter,

Rektor und erster Professor, Ritter des Königl. Sächs. Verdienstordens 1. Klasse.

Voran geht eine Abhandlung des Prof. Dr. Hähne,

Darstellung und Beurteilung des Kantschen Pelagianismus.

MEISSEN,

gedruckt bei C. E. Klinkicht & Sohn.

1881.

Darstellung und Beurteilung des Kantschen Pelagianismus,

d. h. der Lehren: 1) vom radikalen Bösen, 2) von der Freiheit, 3) von der Autonomie, 4) von der Autarkie der praktischen Vernunft.

Die Folge der von Kant behaupteten ausschliesslichen Kompetenz der (praktischen) Vernunft in den sittlichen und religiösen Fragen war eine Theorie vom Wollen und Können des Menschen, welche über den Pelagianismus und Socinianismus noch weit hinaus ging. Trotz der pessimistischen Anklänge in seiner Lehre vom radikalen Bösen, die sich — wenn nicht in ihren Voraussetzungen und Folgen, so doch in der Schilderung des Wesens der Sünde — mehrfach mit Paulus und Augustinus berührt, betont Kant streng optimistisch die Ungebrochenheit und Unzerstörbarkeit der menschlichen Freiheit; und aus der — vor jedem Scheine einer Theonomie, bezüglich Heteronomie sorgfältig gehüteten — Autonomie der praktischen Vernunft folgert er deren Autarkie betreffs Erreichung des sittlichen Ideales: dem „Du sollst" des kategorischen Imperatives müsse ohne jede Einschränkung das Können des Ich entsprechen, der strenge Begriff von Sittlichkeit schliesse jeden Gnadeneinfluss auf Sein und Werden des Ich aus.

1) Das radikale Böse.

Kant's Lehre vom radikalen Bösen[1]) scheint auf den ersten Blick nach Seite der ethischen Strenge und der psychologischen Wahrheit mit den Paulinischen und Johanneischen Ausführungen von der allgemeinen Sündhaftigkeit und der persönlichen Verschuldung sich nahezu zu decken.[2]) — Die Differenz der Kantschen und der evangelischen Anschauungen erscheint zuerst da, wo Kant das metaphysische Gebiet streift und den geheimnisvollen Ursprung des moralisch Bösen nachzuweisen sucht in des Menschen „intelligibler That." Gegen den Begriff der Erbsünde, wie ihn die Dogmatik des 17. Jahrhunderts in mehr physischer als ethischer Weise auf Grund der Augustinischen und Melanchthonischen Missdeutung[3]) von Röm. 5, 12 fixiert

---

1) Religion innerhalb der Grenzen der blossen Vernunft, 1. Stück: „von der Einwohnung des bösen Princips neben dem guten" (Ausg. von 1794, S. 3—61). — Vgl. in Kritik der prakt. Vernunft (Ausg. von 1788, S. 100 ff.) über den Begriff des Guten und des Bösen. —

2) Röm. 3, 23; 4, 15; 5, 20a.; 7, 14—23; Gal. 3, 10; 4, 29. 3; 5, 19—21; 1. Joh. 5, 19b.; 3, 4; 1, 5. 10; 2, 11. Vgl. im vorjährigen Programm von St. Afra meinen Beitrag S. 39 f.

3) Fricke, de mente dogm. loci Ro. 5, 12 ff. (1880); Ewald, Adam und Christus in Röm. 5 in Jahrb. für bibl. Wiss. II, 166 ff.; Rothe's neuer Versuch einer Auslegg. von Röm. 5, 12—21 (Wittenberg 1836); Dietzsch, Adam und Christus. S. 68 ff.; Ritschl. Rechtfert. und Versöhng. III, 301 ff.

1

hatte, erklärt sich Kant in Übereinstimmung mit den bedeutendsten supranaturalistischen Theologen seiner Zeit,[1]) indem er fort und fort die persönliche, die individuelle That und Schuld betont. — Noch stärker aber zeigt sich jene Differenz da, wo es sich um die Folgen der Sünde handelt für des empirischen Menschen sittliche Freiheit und Thatkraft, für sein Wollen und Können. Während die Schrift, Augustin, Luther die Menschheit als einheitliches Ganzes betrachten, dessen einzelne Glieder Erben und Träger der Gesammtschuld, Organe der Sünde sind, so lange sie ausserhalb der göttlichen Gnadeneinwirkung stehen, zersplittert die Menschheit bei Kant in zusammenhangslose Atome, deren jedes das volle Wesen und die ungebrochene Kraft eines sittlichen Mikrokosmos offenbart.

Kant's Lehre vom radikalen Bösen ist summarisch folgende:

Zwischen den Extremen[2]) des Horazischen Pessimismus (aetas parentum, peior avis, tulit nos nequiores, mox daturos progeniem vitiosiorem) und dem Optimismus eines Seneca (sanabilibus aegrotamus malis nosque in rectum genitos natura, si sanari velimus, adiuvat: lautet dessen „heroisches" Bekenntnis) oder Rousseau (Lehre vom Naturstand, von „der natürlichen Gutartigkeit der menschlichen Natur," von deren anerschaffener und unverwüstlicher Güte) liege die Wahrheit in der Mitte. Die sachliche Inkorrektheit des disjunctiven Satzes: „Der Mensch ist entweder gut oder böse" erhelle aus dem im Menschen vorhandenen Dualismus; es widerstrebe dem Menschen als Noumenon der Mensch als Phänomenon, dem idealen der empirische. Wohl sei eine ursprüngliche, d. h. zur Möglichkeit der menschlichen Natur gehörige Anlage zum (zunächst negativen) Guten vorhanden, da die (vernunftlose, animalische) Lebendigkeit, die (rein menschliche) Vernünftigkeit, die (für das moralische Vernunftgesetz als absolute Triebfeder der Willkür empfängliche) Persönlichkeit nicht bloss physisch gut, sondern auch Anlagen zum moralisch Guten seien (Rel. innh. d. Grz. 15 ff.; vgl. 8. 46. 49). Aber die Erfahrung lehre, dass ein rätselhafter Hang zum Bösen in der menschlichen Natur vorhanden sei, der den Menschen als von Natur, d. h. in seiner Gattung böse erscheinen lasse. Hang sei indes nicht identisch mit Anlage (objektiv); er sei subjektive Willkür, eine durch freie Entscheidung zugezogene Notwendigkeit der Willensbethätigung; er sei also nicht physisch, sondern moralisch; als peccatum originarium sei er zugleich der formale Grund jeder gesetzwidrigen That, des Lasters oder des peccatum derivativum, sofern der Hang selbst kein factum phaenomenon, keine sensible, empirische, sondern eine „intelligible", d. h. nur durch Vernunftschluss, ohne alle Zeitbedingung erkennbare That sei (a. a. O. 20 f. 24 ff.). Ein moralisch Böses sei dieser Hang also (24 f. 27. 35. 46. 68 f.) und zwar ein radikales, da es den Grund aller Maximen verderbe (35), angeboren sei es und doch wurzle es in der freien Willkür dessen, der es selbst sich zugezogen (27. 35). Sein Grund sei kein materialer (d. h. er wurzele weder in der Sinnlichkeit[3]), noch in einer Verderbnis der moralisch gesetzgebenden Vernunft, welche die Persönlichkeit zu einem teuflischen Wesen umgestalten würde), sondern ein formaler: er bestehe in der Unterordnung der rein moralischen Triebfeder (des Vernunftgesetzes) unter die sinnlichen Triebfedern (Neigungen aus dem subjektiven Principe der Selbstliebe). Daher sei die

1) Reinhard, Dogmatik (1806) S. 288 ff.; Töllner, theol. Untersuchungen I, 2, S. 56 ff.; Schott, opusc. I, 313 ff.; Storr, Bemerkungen zu Kants Philos. (1794) 7 ff.

2) Rel. innerh. d. G. 3 ff. 27 ff.

3) So neuerdings besonders Rothe; vgl. theol. Ethik (2. Aufl.) III, 1 ff. 11 ff. 41 f. 46 ff. 56; dagegen besonders Jul. Müller, die christliche Lehre von der Sünde (im 1. Theil); vgl. Martensen, christl. Ethik I, 128-141. Ebrard, Apologetik I. 224 ff. 257 ff. 268 f.

Bösartigkeit der menschlichen Natur nicht Bosheit als die Gesinnung, das Böse als Böses zur Triebfeder in die Maxime aufzunehmen, sondern Verkehrtheit des Herzens („das böse Herz"), die aus der Gebrechlichkeit der menschlichen Natur und deren Unlauterkeit (Vermischung der Legalität und Moralität) entspringe (31—36; 21—24). Demgemäss sei auch eine doppelte Schuld zu unterscheiden: eine vorsätzliche (culpa) und eine unvorsätzliche (dolus); jene stamme aus der natürlichen Gebrechlichkeit und Unlauterkeit, letztere sei der Selbstbetrug des Herzens über die sittliche Qualität seiner Gesinnungen. — Diese gesamte Schuld (reatus) sei insofern angeboren, als sie beim frühesten Gebrauche der Freiheit schon sich äussere als Folge des intelligibeln Freiheitsgebrauches (36 f.). Doch dürfe sie weder als Erbkrankheit (medicinisch-physisch), noch als Erbschuld (juristisch, ohne Berücksichtigung der moralischen Persönlichkeit), noch als Erbsünde (theologisch, ohne Unterscheidung des individuellen, mehr physischen und des persönlichen, ethischen Konnexes mit dem Stammvater des Geschlechts) angesehen werden (40 ff.). Überhaupt sei ein Zeitursprung[1]) des Bösen deshalb nicht aufzusuchen und noch weniger auf-zufinden, da eine freie Handlung nur durch Vernunftvorstellungen erreicht werde, die nichts mit dem Zufälligen und mit dem Geschehenen, sondern nur mit dem Dasein und der Notwendigkeit sich zu schaffen machten (40. 43 ff.). Was aber die Frage nach dem Vernunftsprunge des Bösen anlange, so bleibe derselbe ein unlösbares Rätsel. Die Schrifterzählung (Genesis 3) schil-dere den Ursprung des (menschlichen) Bösen so, dass der Zeit nach als Erstes erscheine, was der Sache nach (ohne Rücksicht auf die Zeitbedingung) das Erste sein müsste; nicht der Hang sei in Gen. 3 das Erste, sondern die sündige That. Die Schrift thue auch recht daran, denn sie wolle nur bildlich das zufällige, geschichtliche Dasein der Sünde unserer Schwäche gemäss vorstellig machen (43—46. 65. 72. 113). „Aber wir dürfen von einer moralischen Beschaffenheit, die uns soll zugerechnet werden, keinen Zeitursprung suchen, so unvermeidlich dieser auch ist, wenn wir ihr zufälliges Dasein erklären wollen." — Diese Zurechnung ist eine äusserst schwerwiegende. Denn Schuld und Strafe sind beide unendlich. „Das sittlich Böse führt nicht sowohl wegen der Unendlichkeit des höchsten[2]) Gesetzgebers, sondern als ein Böses in der Gesinnung und den Maximen überhaupt[3]) eine Unendlichkeit von Verletzungen des Gesetzes, mit-hin der Schuld bei sich; sonach würde jeder Mensch sich einer unendlichen Strafe und der Ver-stossung aus dem Reiche Gottes zu gewärtigen haben" (95. 37. 42. 46 ff. 78). Ferner: unendlich ist auch der Abstand zwischen dem Guten, das wir in uns realisieren sollen, und dem Bösen, von

---

1) Das Verhältnis des Zeit- und des Freiheitsbegriffes wird erörtert Krit. d. prakt. Vernunft 170 ff. 180 ff. „Die Kausalität nach dem Gesetze der Naturnotwendigkeit ist bloss der Erscheinung, die Freiheit aber demselben Wesen als Dinge an sich beizulegen"; sonst werde die transscendentale Freiheit ein „nichtiger, unmög-licher" Begriff; Leugnung der Idealität der Zeit treibe dem Spinozismus entgegen. — Zur Kritik der Kant-schen „Apriorität" und der „Idealität" der Zeit vgl. Herbart, Psychologie V, 309 ff. 305. 507. 509 ff. VI, 239. 265. 283 ff. 292 ff. 358 f. 151; Überweg, Logik (3. Aufl.) 44 f. 178 f. 78—91; Harms, Philos. seit Kant (1876) 248 ff.; Brieße, Erkenntnislehre d. Aristot. und Kants 50 ff. (Berlin 1877); Paulsen, Entwickelungsgesch. d. Kantschen Erkenntnistheorie 190 ff. (1875); Wundt, Logik I. (Erkenntnislehre) 437 ff.; Ehrard, Apologetik I, 30. 33. 49 f.; Volkelt, Kants Erkenntnistheorie nach ihren Grundprincipien analysiert (1879); Leclair, krit. Bei-träge zur Kategorienlehre Kants (Prag 1877).

2) So Anselm in cur deus homo II, 16 f. 1, 21; cf. Hasse, Anselm v. Canterbury II, 229 ff.; Kahnis, Dogm. (1. Aufl.) II, 248; Dorner, Person Christi II, 423 f.

3) Vgl. Jacob. 2, 10; 3, 2; Luc. 17, 10; 18, 136; Matth. 5, 18 f.; 6, 17 f.; Röm. 13, 23.

1*

4

dem wir ausgingen; „in keiner Zeit ist die Angemessenheit des Lebenswandels zur Heiligkeit des Gesetzes erreichbar" (84 f. 60. 72. 69). Daraus folgt: dass auch der Beste in seiner Lebensführung es wohl zu „glänzenden Armseligkeiten",[1]) jedoch nimmer zur Personification der Idee des guten Principes bringe (69 ff. 73 ff. 85).

Die ausschliessliche Betonung des menschlichen Ich, der individuellen Persönlichkeit als eines Atomes, als eines Exemplares der Gattung gestattet Kant nur eine psychologische Analyse des Bösen zu geben und verschliesst ihm sowohl den Blick auf den metaphysischen Hintergrund des Bösen als die Beziehung auf das Geschlecht der Menschen. Jenen will Kant vermeiden: aber die Frage nach dem Ursprunge des Bösen drängt sich gerade ihm um so nachdrücklicher auf, als er statt des Zeitsprunges den Vernunftursprung nachzuweisen empfiehlt; er flüchtet zur Unerklärbarkeit desselben und heisst bei der angeblichen Thatsache der intelligibeln That Beruhigung fassen. Doch diese vermag er nicht als Thatsache der Erfahrung zu erweisen; er folgert sie, indem er den psychologischen Nachweis plötzlich verlässt, aus dem Dasein des Bösen und der von ihm behaupteten Notwendigkeit, den jetzigen sittlichen Zustand des Ich einzig und allein aus dessen eigener früherer Willensentscheidung abzuleiten. Nicht in der Zeit, nicht in dieser sensibelen Welt lassen sich die Quellen des Bösen entdecken; also sind sie vor der Zeit, ausserhalb des Menschen Empirie, in einer intelligibeln Welt zu substituiren. Aus dem Ich aber müssen sie entspringen: sonst wäre die sittliche Zurechnung weder der geheimnisvollen Urthat, noch ihrer offenbaren Folgen möglich. — Ähnliche Schlüsse finden sich vor Kant bei Origenes, nach Kant bei Steffens, Schelling, Julius Müller, Schopenhauer[2]). Wohl ist des Menschen Schuldbewusstsein der unumstössliche Beweis für seine Willensfreiheit und die absolute Geltung des Sittengesetzes: aber der Rückschluss auf eine Präexistenz der Seelen erscheint höchst misslich (nicht nur wegen der kleinen Zahl seiner Vertreter, sondern auch) wegen der Unmöglichkeit, von dem also behaupteten Aussereinander der als selbständige, zusammenhangslose Atome gedachten Individuen auf den Organismus der Menschheit zu kommen, dem doch auch Kant durch das Postulat des Reiches Gottes (einer Verbindung der Menschen durch Tugendgesetze) zustrebt. Kant macht seinen Schluss auf Grund der von ihm nicht bewiesenen Annahme, dass es richtig sei, den Menschen als Individuum ohne Weiteres für den Menschen überhaupt zu nehmen.[3])

1) Zwar findet Kant Augustins bekanntes Wort, dass die heidnischen Tugenden nur glänzende Laster seien, zu hart; aber thatsächlich kommt er ihm sehr nahe, wenn er a. a. O. 24 meint: „was nicht aus diesem Glauben (an den Geist und die Kraft des moralischen Gesetzes) geschieht, das ist Sünde"; ähnlich folgerte auch Augustin aus Röm. 13, 23.

2) Wie J. Müller auch Secrétan, la philosophie de la liberté (Paris 1872). Zur Kritik vgl. Rothe, theol. Ethik, III, 52 f.; Schmidt, über die Freiheit des menschl. Willens in Stud. und Kritik. 1873, 4. Heft, 620. 625 ff. 630 f.; Paul, Kants Lehre vom radikalen Bösen (1875); Schultheiss, Kants Lehre vom radikalen Bösen (1870), S. 29 ff. und 61 f.); Ritschl, Rechtf. u. Versöhnung III, 40 f, 287. 306 f. 324. 332 f.; Ebrard, Apologet. I, 246; Martensen, Dogmatik 152 f.; christl. Ethik I, 153 f. 159. 167 f. — Auch Baur, Christentum d. drei ersten Jahrh. 251 f.; Dorner, Christi Person II, 1254; Kahnis, Dogm. II, 58. 74; Tzschirner, Fall des Heiden. 582 f.

3) Religion innh. d. Grz. d. bl. V. 15 ff. wird der versprochene Nachweis dieser Identität nur in Thesen gegeben. In Kritik der prakt. Vernunft 155 f. heisst es: „Das moralische Gesetz ist heilig. Der Mensch ist zwar unheilig genug, aber die Menschheit in seiner Person muss ihm heilig sein. Er ist wie jedes vernünftige Wesen Zweck an sich selbst." Doch wo findet sich bei Kant eine „reale Bezeichnung der Totalität menschlicher Maximen?" — Vgl. Schleiermacher, Kritik der bisherigen Sittenlehre 136 ff.: „Die wesentlichste unter den Be-

Und was den Gedanken der Gemeinschaft, des Organismus, des Reiches betrifft, so erscheint derselbe weder in der Entwickelung noch als Zielpunkt des Systemes deutlich und lebenskräftig: es ist ihm Alles daran gelegen, „das Reich Gottes in uns" zu realisieren, aber losgelöst von dem Gotte, der es allein constituieren kann und der doch nach Kant nur als regulative Idee gelten soll; eine Welt im Kleinen bildet so der Mensch, die ausschliesslich auf sich selbst beruht und ohne lebensvolle Beziehung erscheint auf geistige und sittliche Mächte über uns und neben uns. Diesem Mikrokosmos fehlt das Einheitsband, das ihn sachlich und persönlich an ein fremdes Leben, als den Grund seines eigenen Lebens (Gott) und als das Ziel seiner Lebensbethätigung (Andre) knüpfte. Der formale kategorische Imperativ ersetzt nicht den Mangel dieser zweifachen persönlichen Gemeinschaft: er isoliert nur den Menschen in seiner Sphäre; zwar normiert er durch das strenge Pflichtgebot seinen Willen, aber diees bringt weder die Tugend, d. h. die Kraft Gutes zu thun, noch lässt es den vom Einzelnen erstrebten Vollkommenheitszustand auf Andere sich übertragen. Es ist nicht zufällig, dass bei Kant und Fichte nicht sowohl die Tugend- als die Pflichtenlehre [1]) zur Geltung kommt: ohne sachliches ethisches Princip bleibt sie bei Einzelheiten stehen, ähnlich wie die antiken Ethiker wohl die officia (pluralisch), noch nicht aber die virtus als einheitliches Princip[2]) jener zu beschreiben vermochten. Und nicht zufällig ist es, dass dem Kantschen Pflichtgebote jede Rücksichtnahme auf die individuellen Momente der Pflicht, auf die Verschiedenheit der Personen und Verhältnisse abgeht; streng und ernst, aber auch eintönig und starr formalistisch wendet es sich an den Menschen als an ein abstraktes Vernunftwesen und fordert von ihm, dass er in abstraktem, herzlosem Gehorsam sich beuge unter die Allgemeingültigkeit des Vernunftgesetzes.[3])

Kant betont es öfters und er ist stolz darauf, dass nur die rein formellen Begriffs-bestimmungen für ihn Bedeutung haben.[4]) Das Vernunftgesetz ist ihm blosser kategorischer Imperativ, der freie Wille ist Willkür ohne jeden materialen Gehalt, das Böse ist nicht in der Beschaffenheit der Triebfedern, sondern in der Subordination der einen unter die anderen, bezüglich in der Umkehrung derselben zu suchen. Diesen abstrakten, rein formalen Definitionen ist der adäquate Inhalt von anderer Seite her zu geben und auch Kant hat ihn sich vielfach er-schlichen trotz seiner Verwahrung gegen alle materialen Bestimmungsgründe. Er ist genötigt, die Liebe als höchstes Gesetz, den Egoismus als den Kernpunkt des radikalen Bösen und als das

---

dingungen, auf welchen am Ende die ganze Ethik beruht, ist gerade die, welche (von Kant und Fichte) nicht als notwendig, sondern nur als blosse Möglichkeit abgeleitet werden konnte, nämlich die Mehrheit der Individuen. Merkwürdig und wahrhaft magisch, nichts weniger aber als allmählich und regelmässig ist die Art, wie die als notwendig geforderte einmalige Aufforderung des Ich sich verwandelt in die Gemeinheit der Vernunftwesen."

1) Vgl. Kant, Kritik der prakt. Vernunft 143—151; Martensen, christl. Ethik I, 3. 417: Schleiermacher. Krit. aller bisherigen Sittenlehre 215 ff.: „Kant hat seine Darstellung zur Ungebühr Tugendlehre genannt, da alles Reale darin nur Pflichtbegriffe sind und er von der Tugend nur den Gegensatz, nämlich das Laster hat gebrauchen können" (217). „Kant sagt — mit einer Verwirrung, in der jede Spur seines dialektischen Verstandes schwindet — es sei zwar nur Eine Tugend, aber man könne mehrere Tugenden unterscheiden nach Massgabe der Zwecke, welche die Vernunft vorschreibt; denn soviel fehlt, dass jedem Zwecke eine andere und eigene Gesinnung müsste untergelegt werden, dass vielmehr nur durch die Mehrheit der Zwecke, indem vielem Aeusseren Ein Inneres als zum Grund liegend sich offenbart, die Gesinnung kann erkannt werden." (228.)

2) Vgl. Röm. 1, 21—24 mit 1. Joh. 4, 16; Röm. 5, 5; 1. Cor. 12, 1. 31; 13, 13; Röm. 13, 10.

3) Vgl. Martensen a. a. O. I, 501 f. 283. 451. 484. — Ganz anders 3. Mosis 19, 2; Joh. 15, 6. 15 f.; 1. Cor. 1, 2; 2. Cor. 12, 9; Galat. 2, 20.

4) Krit. d. prakt. Vernunft 14. 55. 67 ff. 144 ff. 130—150. Religion innh. d. Grz. d. V. 34.

6

Motiv der empirischen Willkür gelten zu lassen. ¹) Und doch sucht er immer den Schein zu bannen, als ob auch sein Begriff der „Form" sich im Stillen dem inhaltvollen Formbegriff des Aristoteles oder der Scholastiker accommodiert habe (εἶδος, forma). Statt des inhaltvollen εἶδος (vgl. die alte scholastische Auffassung der fides formata im Sinne von 1. Cor. 13, 8.; 13, 1 ff.; Galat. 5, 6 b) betont er ausschliesslich die logische Formel des kategorischen Imperatives, die — nur Abstraktion von dem konkreten Gedanken in 5. Mos. 6, 4. Matth. 22, 38 ff. — starr, leblos, kraftlos bleibt für den Willen, da sie schon dem Verständnis der Meisten sich schwer erschliesst. ²) Auch die oberste Formel, den Naturtrieb mit den Forderungen des reinen Vernunftgesetzes in Übereinstimmung zu bringen und die Objekte nach ihren Zwecken zu behandeln, findet bei der abstrakten isolierten Fassung des Ich und der Persönlichkeit keine rechte Übersetzung in reale Gebote; der eherne Begriff der Pflicht und der in seiner Isolierung gefasste, immer nur auf sich selbst bezogene Begriff der Persönlichkeit verdrängen das moralische Gefühl, die Energie der Liebe und Alles, was Kant als „pathologisch" glaubt zur „Religionsschwärmerei" rechnen zu müssen.

Das Betonen des Ich als des in Freiheit handelnden sittlichen Subjektes, dem das Sittengesetz eingeboren sei, veranlasst Kant das moralische Gewicht des Bösen und der Schuld sehr hoch anzuschlagen. ³) Die vielfachen Anklänge an Röm. 7, 14 — 23 haben in erster Linie Kant als „Vater des Pessimismus" erscheinen lassen: ⁴) und dieser Pessimismus gegenüber dem, was der Mensch sittlich ist und kann, bleibt einer der edelsten Züge in Kants praktischer Philosophie, verwandt mit der Predigt eines Elias und der des Johannes des Täufers. — Nur fragt es sich, ob Kant von seiner philosophischen Prämisse, von der Hypothese der vorzeitlichen intelligibeln That aus berechtigt war, das ernste Urteil der Schrift über des Menschen Sünde und Schuld zu adoptieren? Denn entweder hat jene in ihren Motiven doch rätselhafte That, jener Akt der Willkür, welcher sich vor der Zeit, ausserhalb der sensibeln Welt, ausserhalb unserer Erinnerung und Erfahrung vollzog, den gegenwärtigen sittlichen Zustand des Men-

1) Krit. d. prakt. Vernunft 147 f., 131 f. Es ist freilich nur ein schwaches Echo des Paulinischen ἡ ἀγάπη οὐ ζητεῖ τὰ ἑαυτῆς (1. Cor. 13, 5) und des Johanneischen ὁ μένων ἐν τῇ ἀγάπῃ ἐν τῷ θεῷ μένει — ἡμεῖς ἀγαπῶμεν αὐτόν, ὅτι αὐτὸς πρῶτος ἠγάπησεν ἡμᾶς — ὁ ἀγαπῶν τὸν θεὸν ἀγαπᾷ καὶ τὸν ἀδελφὸν αὐτοῦ (1. Joh. 4, 9. 10. 16—21: Joh. 13, 14 f.: 1. Cor. 12, 25. 26. 7. 11; Röm. 12, 14—21; 13, 10), wenn Kant die „praktische" Liebe darauf reduciert, dass „Gott lieben heisse seine Gebote gerne thun, und den Nächsten lieben, alle Pflicht gegen ihn gerne ausüben." Auch die biblische Liebe ist durchaus nicht und lebendig und belebend, nicht „pathologisch": sie ist εἶναι καὶ μένειν ἐν τῷ θεῷ. — Ebenso ist es eine Abschwächung des biblischen Sündenbegriffes (vgl. Genes. 3, 1—12; Röm. 7, 7 ff ; 1. Joh. 5, 17 f.; 3, 4; 2, 15—17, Jac. 4. 4; Phil. 2, 21 ; Röm. 1, 32; 4, 15), wenn ihn Kant durch „Selbstliebe" und „Eigendünkel" umschreibt.

2) Das Grundgesetz der reinen praktischen Vernunft lautet: „Handle so, dass die (subjective) Maxime deines Willens jederzeit zugleich als (objektives) Princip einer allgemeinen Gesetzgebung gelten könne." Im Grunde ist diese Abstraktion verwandt mit dem konkreten Gedanken Luc. 6, 31 ; Matth. 7, 12; freilich fehlt die Seele und die Prämisse der Nächstenliebe, der Gottesliebe 1. Joh. 4, 16—21.

3) Dass Kant ausser in der Schrift „über den mutmasslichen Anfang der Menschengeschichte" das Böse im Sinne von Schiller (Bd. 10, 381 f.), dem Kant (Relig. innh. d. Gr. d. bl. V. 10 f.) gelegentlich das Zeugnis ausstellt, dass er mit ihm „in den wichtigsten Principien einig" sei, oder im Sinne von Hegel (z. B. Philos. d. Gesch. 333 ff. 412) als eine Notwendigkeit für die innere Entwickelung des Menschenwesens und der Menschheitsgeschichte aufgestellt habe, ist weder aus Kants Lehre von dem vorzeitlichen Falle noch aus der, allerdings häufigen, Abschwächung des Schuldbegriffs zu schliessen. Für Kant ist das Böse in der Krit. d. pr. V. und in Rel. i. d. Grz. überall Abnormität. (Die geflissentliche Art, mit der sich Kant bei Aufstellung seines Zeit- und Raumbegriffes gegen den Spinozismus verwahrt, ist eines der vielen Momente, die Kant vor dem Verdachte zu schützen, er habe in ethischen Fragen bewusst sich dem Pantheismus zugewendet).

4) Eduard v. Hartmann in Philos. d. Unbewussten 646 und in „Unsre Zeit" 1880 (Heft 2 u. 3).

schen prädestiniert, so dass (im Sinne Schopenhauers) das Leben in der Zeit nur als die Konsequenz erscheint eines blinden, verworrenen Willensaktes, den das zeitlose Ich ohne Bewusstsein und sittliche Zurechnungsfähigkeit vollzog: und dann droht Kant derselbe Einwurf, den Augustins mehr physisch als ethisch begründete Erbsündenlehre [1] erfuhr: jene eine unselige That lässt sich schwerlich als Quelle unserer empirischen Schuld betrachten. Oder jene Urentscheidung hat als persönliche, bewusste That unsres Willens zu gelten, so dass unser intelligibler Charakter und unsre intelligible That nur der Typus, das übersinnliche Schema wäre für unsern empirischen Charakter und unsern empirischen Charakter zum Negieren des Vernunftgesetzes: dann aber wäre des Menschen Sünde diabolischer Abfall vom Heiligen und satanische Bosheit (was Kant entschieden in Abrede stellt). — Den Mittelweg, der die beiden eben genannten Extreme glücklich vermeidet, hat Kant sich verschlossen, indem er mit der Schrifterzählung Genes. 3, 1—12 (vgl. Röm. 7, 7—12) zugleich die Schriftgedanken über die Genesis der menschlichen Sünde ablehnte. Die Schrift lässt den Menschen erstens nicht von selbst sich lossagen von Gottes Gesetz in rebellischem Trotze; sie lässt ihn vielmehr verführt werden und zwar durch Lug und Trug eines dämonischen Wesens (Röm. 7, 11; Gen. 3, 1—6); dem Verführten aber steht die Rückkehr eher offen als dem Empörer, subjektiv im eigenen Gefühle und Willen wie objektiv im Verhalten Gottes gegen ihn. Zweitens deutet die Schrift in den drei Versuchungen auf Stadien des Falles hin, der aus geringfügigen Anfängen heraus zur vollen Grösse erst allmählich sich entwickelt. [2] Kants jähe „intelligible" That bleibt ein moralisches und psychologisches Rätsel, während die Schrift uns erläutert, nicht nur dass Böses gethan ward, sondern auch wie das Mysterium des Bösen aus einer uns verborgenen Welt und ohne Gefährdung der Heiligkeit des Schöpfers hereintrat in die Menschheit [3] und diese in schwere, doch in sühnbare und verzeihliche Schuld stürzte. Der Kantschen intelligiblen That scheint nur die schwerste Schuldanrechnung zu entsprechen; jene Urthat scheint Todsünde, vollendete Bosheit zu sein, da sie aus der Freiheit des Ich heraus (ohne das Zwischenglied der Bethörung und Verführung) sich vollzog. Allein der energischen Prämisse (intelligible That) fehlt die ent-

---

1) Aus: manifestum est in Adam omnes peccasse quasi in massa (ep. ad Röm. 5) folgerte er: infans perditione punitur, quia pertinet ad massam perditionis (de pecc. orig. 36.).

2) Vgl. mit Gen. 3, 1b 4. 5.: Matth. 4, 3—9; 1. Joh. 2, 16. — Die spöttische, das Gebot entstellende und seinen Inhalt ins Gegenteil verkehrende Frage (Genes. 3, 1) weckt den Zweifel am Buchstaben des Gesetzes (Röm. 7, 8a ἀφορμὴν δὲ λαβοῦσα ἡ ἁμαρτία διὰ τῆς ἐντολῆς κατειργάσατο ἐν ἐμοὶ πᾶσαν ἐπιθυμίαν); die kecke Lüge der Versucherin (vgl. mit Genes. 3, 4, auch Joh. 8, 44) lässt irre werden an der Strenge des Gesetzes und an der Wahrhaftigkeit des Gesetzgebers; die arglistige, zweideutige Perspektive auf den Neid der selbstischen Gottheit und die mögliche Gottgleichheit des sich emancipierenden Menschen (Röm. 7, 11: ἐξηπάτησέ με) entfesselt den zweifachen Egoismus der Sinnlichkeit (Genuss der verbotenen Frucht) und der geistigen Hoffart (Ungehorsam).

3) Nicht den Ursprung des Bösen in der Welt (dieser ist und bleibt für uns Mysterium, vgl. auch Matth. 13, 25), sondern seine Übertragung in das Herz des Menschen schildert Gen. 3 u. Röm. 7, ethisch wie psychologisch analysierend. — Kant ist im Rechte, wenn er dagegen protestiert, dass das metaphysische Problem vom Ursprunge (und von der Möglichkeit) des Bösen überhaupt durch die Berufung auf den Satan gelöst werde. Denn bei Satans Fall kehrt ja die Frage wieder: wie konnte ein von Gott geschaffener, also der göttlichen Natur teilhafter Geist fallen? Aber indem Kant alle Objektivität des Bösen vor und ausser dem Menschen ignoriert, stellt er diesen nicht sowohl an die Stelle des biblischen Adam, als an die des Satan, welcher einstmals fiel: er vermengt die psychologisch-ethische Frage, auf welche die Schrift allein eingeht, mit der metaphysischen, welche die Schrift kaum streift („Schlange" in Genes. 3 und „Sünder" in Röm. 7 sind keineswegs ohne weiteres zu deuten als der „Satan" in seiner herkömmlichen Begriffsbestimmung).

8

sprechende Konsequenz (volle Wertung oder Leugnung der Schuld); Kants Ethik schwankt zwischen den beiden angegebenen Extremen; sie kennt wohl Röm. 7, 14—23, aber ohne zu Röm. 7, 24, geschweige zu Röm. 8 sich führen zu lassen. Zum Teil lässt sich diese Halbheit schon hier daraus erklären, dass die ausschliessliche Betonung des F o r m a l e n das materiale Gewicht sowohl der That als der Schuld nicht zu klarem Bewusstsein kommen lässt. Hätte Kant z. B. den Willen nicht bloss als purus actus oder Willkür, hätte er das Ich in seiner materialen Bezogenheit zu einem (dieses Ich im innersten Wesen erst konstituierenden und regulierenden) Du (über sich: Gott, um sich: die Nächsten), nicht bloss negativ in seiner Gelöstheit von der Natur und in seinem Verhältnisse zum abstrakten Gesetze gefasst: so würde er nicht so leicht, getragen von der Amphibolie seiner rein formalen Terminologie, sich die Brücke geschlagen haben über so manches Entweder — Oder, zu dem ihm die schroffe, rücksichtslose Sprache des nach s a c h l i c h e m Principe nur urteilenden Gewissens herandrängte. Den Willen, der erfahrungsmässig durch wiederholte Thaten aufhörte, purus actus zu sein in dem Sinne, dass er — sittlich neutral — sich nach beiden Seiten hinwenden könnte, würde dann auch Kant nicht durch die blosse Stimme des kategorischen Imperatives als zur neuen Revolution (zur Unterordnung unter das Vernunftgesetz) befähigt darstellen; er würde zu der Paulinischen und Augustinischen Folgerung genötigt worden sein, dass die ursprüngliche eine T h a t als universale M a c h t des Bösen fortwirkt und die g a n z e Persönlichkeit des Menschen gefesselt hält. Dieser Folgerung wird Kant nur scheinbar gerecht. Er teilt den Menschen in ein Noumenon und in ein Phänomenon: in jenem lässt er die Idee des Guten, in diesem die Sinnlichkeit und Sündigkeit herrschen. Wo aber ist nun das Einheitsband zu suchen, wodurch dieser abstrakte Dualismus überwunden und zu einer lebensvollen Gestalt zusammengefasst werden kann? Die membra disiecta sind ohne „das geistige Band;" beim „Erkennen und Beschreiben des Lebendigen" ist „der Geist herausgetrieben" worden. Wenn Kant das I c h als rein logischen, formellen Mittelpunkt einschiebt und dieses Ich als nahezu identisch mit der W i l l k ü r definiert: so fehlt diesem Ich nicht nur die s i t t l i c h e Qualität, sondern auch jede s i t t l i c h e E n e r g i e[1]). Es bleibt also ein unvermittelter Dualismus bestehen (Kant hat ihn in seinen beiden ersten Kritiken offen ausgesprochen, in der dritten[2]) hat er nicht ihn selbst, sondern nur seinen Schein

1) Ganz anders bestimmt Paulus in Röm. 7, 14—23 das *ἐγώ* des Menschen: dem *ἔσω ἄνθρωπος* eignet im *νοῦς* Auge und Ohr für den *νόμος θεοῦ* (v. 22 f.), er *σύμφησιν* und *συνήδεται τῷ νόμῳ* (v. 16. 22) und *θέλει ποιεῖν τὸ καλὸν* (21); aber er ist *πεπραμένος ὑπὸ τὴν ἁμαρτίαν*, machtlos der *σάρξ* gegenüber (v. 14) und er unterliegt im Kampfe mit der *ἁμαρτία*, welche in den Gliedern ihren Sitz hat und die Sinnlichkeit als ihr Organ im Kampfe gegen das *πνευματικόν* im Menschen benutzt. Also d a s w a h r e Ich des Menschen ist g o t t v e r w a n d t, und auch im Stande der sittlichen Knechtschaft ist es n i e ohne den Zug des Geistes zum V a t e r (Röm. 8, 23 f.): es ist s a c h l i c h von Gott bestimmt. Der Selbstwiderspruch (Röm. 7, 15 ff.) löst sich dadurch, dass Ich, sondern eine f r e m d e Macht, die Sünde, im Menschen das Hausrecht und die Herrschaft ausübt (7, 20 f.). Der Mensch ist beim Sündigen n i c h t in e r s t e r Linie a c t i v; er l e i d e t (7, 24. 21. 23. 15 17.) in seinem sittlichen Gefühl und er l e i d e t Gewalt durch die fleischliche, sinnliche, gegen den Geist entfesselte Begierde. Das zweite Ich, die andre Seele im Menschen, d. h. das niedre Ich ist die o b j e k t i v e, dem Menschenwesen f r e m d e und f e i n d l i c h e, wenn auch auf Zeit es beherrschende Sündenmacht. — Vgl. Weiss, bibl. Theologie (3. Aufl.) 231 f.

2) In „Kritik der Urteilskraft" treten Mensch und Natur unter den teleologischen Gesichtspunkt; die Kluft zwischen dem Verstande, dem Vermögen der Begriffe, und der Vernunft, dem Vermögen der Ideen und Principien überbrückt die ästhetische und teleologische Urteilskraft; während die theoretische Vernunft die Welt n u r nach Naturgesetzen, und die praktische Vernunft die Welt n u r nach dem Gesetze der Freiheit, also als eine sittliche, zu erfassen vermag: schliesst die Urteilskraft die Welt der Erscheinungen nach ihrem U r s p r u n g e und

beseitigt) im physischen Sein wie im sittlichen Thun des Menschen. Neben einander hausen das gute und das böse Princip in einer keineswegs motivierten Koordination, da doch im Gefolge der vom Menschen (als Noumenon) ausgeführten intelligibeln That das radikale Böse sich geltend machen und das volle Menschenwesen depravieren sollte. Allein diese moralische Konsequenz zieht Kant nicht im Ernste. Leicht und unvermittelt, wie einst in rätselhafter That sich der Übergang vom Guten zum Bösen vollzog, soll sich umgekehrt auch wieder der Übergang vom Bösen zum Guten vollziehen können; der kategorische Imperativ soll genügen, um die Kluft im sittlichen Sein des Menschen zu überbrücken (ebenso wie er die logische im Systeme Kants verdeckt). Und doch ist jene erste Entscheidung des Menschen um so schwerer und verhängnisvoller, als bei diesem Akte des freien Willens weder die Annahme einer Verführung noch eines intellektuellen Irrtumes (als Anfang des ἁμαρτάνειν, d. h. des Verfehlens sowohl des göttlichen Willens, als des eigenen Zweckes und Zieles) zulässig erscheint! — Ferner: der einmal und plötzlich eingetretenen sittlichen Revolution (zum Guten) soll angeblich ein stetiger Fortschritt folgen in der subjektiven Heiligung, als wäre fortan der sittliche Dualismus nur ein machtloser Schatten und leerer Schein. Schärfer sah Origenes, der auf Grund der schwankenden, inkonsequenten Entscheidungen des freien Willens eine Reihe von Welten, ein Auf- und Niederwogen im sittlichen Processe der Geister annahm[1]; ihm ergab sich aus dem Begriffe der formalen Freiheit ein steter Wechsel von Abfall und Rückkehr, so aber ein unendlicher Kreislauf endlicher Welten.

2) Die menschliche Freiheit.

Der Freiheitsbegriff nimmt in Kants System der praktischen Vernunft die erste Stelle ein, nach der äusseren Reihenfolge wie nach der inneren Bedeutung und Wirkung der in Frage kommenden Begriffe. Kant ist ein enthusiastischer Lobredner der Freiheit im Menschen. Die spekulative Vernunft schon garantiert sie, weil sie ihrer beim Kausalitätsbegriff bedarf; sie ist, entgegengesetzt dem Naturmechanismus, durch das Sittengesetz in den Vernunftwesen gefordert. „Ihr Begriff macht, sofern seine Realität durch ein apodiktisches Gesetz der praktischen Vernunft bewiesen ist, den Schlussstein vom ganzen Gebäude eines Systems der reinen, selbst der spekulativen Vernunft aus, und alle anderen Begriffe (die von Gott und Unsterblichkeit), welche als blosse Ideen in dieser ohne Haltung bleiben, schliessen sich nun an ihn an und bekommen mit ihm und durch ihn Bestand und objektive Realität." „Freiheit ist aber auch die einzige, unter allen Ideen der spekulativen Vernunft, wovon wir die Möglichkeit a priori wissen, ohne sie doch einzusehen, weil sie die Bedingung des moralischen Gesetzes ist, welches wir wissen.[2]) Freiheit und moralisches Gesetz sind Wechselbegriffe. Die Freiheit ist die ratio essendi des moralischen Gesetzes und dieses ist die ratio cognoscendi der Freiheit; das moralische Gesetz ist vor der Freiheit, doch es würde ohne sie in uns nicht anzutreffen sein.

Zwecke an ein übersinnliches Princip (Gott). Freilich kommt letzteres über die objektive Möglichkeit nicht hinaus; der Zweckbegriff ist lediglich subjektiver Art, d. h. unser diskursiver Verstand legt ihn in die Natur hinein, um sie einheitlich zu erfassen; die Teleologie ist nur regulatives, nicht konstitutives Princip. Vgl. §§ 69, 71—78 der Krit. d. Urtlskr.
1) Vgl. Baur, das Christt. der drei ersten Jahrhdte 251 f.
2) Krit. d. prakt. Vnft. 4 ff. 9 ff. 13. 115 ff. 185 ff.; Relig. innh. d. Grz. d. bl. V. 58 f.

2

Die von Kant aufgestellten Definitionen der Freiheit sind teils negativer, teils positiver Art; nur formell verschieden ergänzen sie sich sachlich. Die negativen lauten: a) Freiheit ist Unabhängigkeit von der Naturnotwendigkeit und den Zeitbedingungen (Kritik d. pr. V. 170 ff. 51. 155. 177); b) Freiheit ist Unabhängigkeit von Neigungen, wenigstens als bestimmenden (Krit. d. pr. V. 212 f.; Rel. innh. d. Grz. 68 f.); c) Freiheit ist die Unabhängigkeit von aller Materie des Gesetzes, d. h. einem begehrten Objekte (Krit. d. pr. V. 58 f. 73). Die positiven Definitionen sind: a) Freiheit ist die dynamische Kausalität, eine Vernunftidee¹), die als solche nur im reinen, nicht im empirischen Bewusstsein vorstellbar, also intelligibel ist (Krit. d. pr. V. 185 ff. 5 ff. 30 ff. 170 ff.); b) Freiheit ist daher das Dasein der reinen Vernunft in der intelligibeln Welt (Kr. d. pr. V. 79 f.); c) Freiheit ist endlich und vornehmlich die absolute Spontaneität, das Vermögen der absoluten Kausalität, das Vermögen des absoluten Anfangs einer Handlung (Krit. d. pr. V. 58 f. 84 f. 173 ff. 181 ff. Rel. innh. d. Grz. 59).

Alle diese Definitionen sind rein formalistischer Art, die gegenüber der sittlichen Qualität freier Handlungen rein negativ bleiben. Zugleich aber ergiebt sich aus der Fassung der Freiheit als einer nur dem Noumenon des Menschen zukommenden Vernunftidee die bedeutsame Folgerung von der Ewigkeit und Unverlierbarkeit derselben in der Zeit. Daher sagt Kant: „Eine jede böse Handlung muss, wenn man den Vernunftursprung derselben sucht, so betrachtet werden, als ob der Mensch unmittelbar aus dem Stande der Unschuld in sie gerathen wäre. Denn wie auch sein voriges Verhalten gewesen sein mag, und welcherlei auch die auf ihn einfliessenden Naturursachen sein mögen; so ist seine Handlung doch frei und durch keine dieser Ursachen bestimmt, kann also und muss immer als ein ursprünglicher Gebrauch seiner Willkür beurteilt werden. — Durch keine Ursache in der Welt kann er aufhören, ein frei handelndes Wesen zu sein. — Wenn aber Jemand bis zu einer unmittelbar bevorstehenden freien Handlung auch noch so böse gewesen wäre, bis zur Gewohnheit als anderer Natur: so ist es nicht nur seine Pflicht gewesen, besser zu sein, sondern es ist jetzt noch seine Pflicht, sich zu bessern; er muss es also auch können." (Rel. innh. d. Grz. 42 f.). Kants Freiheit steht also absolut ausser jedem Kausalnexus in der Zeit.²)

---

1) Die moralischen Ideen definiert Kant als „Urbilder der praktischen Vollkommenheit, die zur unentbehrlichen Richtschnur des sittlichen Verhaltens wie zum Massstabe der Vergleichung dienen" (Krit. d. prakt. V. 230).

2) Über die Fernhaltung des Zeitbegriffes, der nur auf die Phänomena und den mechanischen Kausalnexus, nicht aber auf die Noumena und deren Vernunftideen sich beziehe, vgl. Krit. d. pr. Vn. 10. 174 f. 179 f. 182 ff. 206 f. Rel. innh. d. Grz. 40. 43. 46. 58 f. 85 f. „Wären die Handlungen des Menschen, so wie sie zu seinen Bestimmungen in der Zeit gehören, nicht blosse Bestimmungen desselben als Erscheinung, sondern als Dinges an sich selbst: so würde die Freiheit nicht zu retten sein. Der Mensch wäre Marionette oder ein Automat." — „Das Selbstbewusstsein würde es zwar zu einem denkenden Automate machen, in welchem aber das Bewusstsein seiner Spontaneität, wenn sie für Freiheit gehalten wird, blosse Täuschung wäre, indem sie nur komparativ so genannt zu werden verdient, weil die letzte und höchste Ursache doch gänzlich in einer fremden Hand angetroffen wird. Daher sehe ich nicht ab, wie die, welche noch immer dabei beharren, Zeit und Raum für zum Dasein der Dinge an sich selbst gehörige Bestimmungen anzusehen, hier die Fatalität der Handlungen vermeiden wollen." — „Wenn man die Idealität der Zeit und des Raumes nicht annimmt, so bleibt nur der Spinozismus übrig, in welchem Raum und Zeit wesentliche Bestimmungen des Urwesens selbst sind, die von ihm abhängigen Dinge aber (also auch wir selbst) nicht Substanzen, sondern bloss ihm inhärierende Accidenzen sind." Vgl. Note 1 auf S. 3.

Mit Recht unterscheidet Kant von seiner dualistischen Auffassung des Menschen aus die sittliche Freiheit als transscendentale oder metaphysische von der nur psychologischen oder empirischen. Moralität und die Freiheit im höheren Sinne sind ihm Wechselbegriffe; ob auch unser Vorstand den Begriff und die Thatsache dieser Freiheit nicht erreicht, so ist sie uns doch praktisch, d. h. sittlich gewiss, durch das Gewissen, seine kategorischen Forderungen und durch die Imputation unserer Handlungen. Die metaphysische Freiheit, als Unabhängigkeit von Naturgesetzen und Neigungen, von äusserem und innerem Zwange, steht demnach als arbitrium liberum hoch über dem arbitrium brutum: dort ist die Wahl durch Vernunftursachen, hier nur pathologisch motiviert. [1]

Freilich ist die Ableitung dieser transscendentalen, dem Menschen nur als Noumenon eignenden Freiheit rein logisch angesehen und nach Kants eigenen Definitionen nicht über allen Zweifel erhaben. Ist auch zuzugeben, dass das Dasein des Sittengesetzes als Imperativ, als ein Sollen den Zwiespalt konstatiert, der sich in uns findet zwischen der Idee und der empirischen Wirklichkeit des Menschen (zwischen Noumenon und Phänomenon): so ist doch Kants Schluss von dem in uns sich findenden Bewusstsein vom Sittengesetze auf das Noumenon des Menschen und seine alleinige Freiheit kaum zulässig; jenes Bewusstsein ist ja doch ein empirisches, ist eine Erscheinung nur, und von ihr aus ist auf das Ding an sich nicht zu schliessen. Dadurch, dass uns die Freiheit als erfahrungsmässige Thatsache gewiss ist, wird Kants Annahme von dem nur intelligibeln Charakter derselben erschüttert: die Freiheit ist thatsächlich mehr, als nur eine Idee, nach der wir unsere unter dem Gesetze der Notwendigkeit stehenden Handlungen beurteilen. Auch unsere empirischen, phänomenalen Handlungen sind nicht bloss Folgen des äusseren Kausalnexus, sie tragen mehr oder weniger in sich ein Moment freier Selbstbestimmung und stellen das Resultat dar des Konfliktes zwischen höheren und niederen Bestimmungsgründen. Es ist ein Wahn des am abstrakten Dualismus der Menschennatur starr festhaltenden Kant, dass der Mensch inmitten der empirischen Welt ausschliesslich bestimmt werde von der Natur: die Kulturgeschichte ist die bündige Widerlegung dieses Wahnes; wie die Natur den Menschen, so bestimmt des Menschen Wille auch die Natur, und je länger, desto mehr offenbart sich die fortschreitende Übermacht des letzteren, den das Geschlecht und der Einzelne zur Geltung bringt; Kants Anschauung passt nur auf die Urzeit der Völker, auf die erste Kindheit der Individuen, die als Phänomena allerdings noch fast ausschliesslich im Banne der Natur stehen. [2] —

1) Zum Folgenden vgl. die Erörterungen über den Freiheitsbegriff bei Rothe, theol. Ethik 1, 129—139. 223—229. 355—380; Luthardt, Lehre vom freien Willen 4 ff. 124 ff. 438 ff.; Weisse, philos. Dogm. II. 269 ff.; Jul. Müller. Lehre v. d. Sünde II, 36 ff. 107 ff. 245 ff. 255 ff. Schelling, Wesen d. menschlichen Freiheit; Chalybäus in: Wissenschaftslehre 308 ff. u. Philosophie und Christentum; Zeller, über die Freiheit des menschlichen Willens, das Böse und die moral. Weltordnung in theol. Jahrbüch. 1846, Heft 3. 1847, Heft 1. 2; Ulrici, in Herzogs Realencyklopädie VII, 311 ff.; Schleiermacher. Krit. d. Sitten. 131 ff. 148 ff. 185—196.

2) Vgl. Ritschl, Recht. u. Vers. III, 450 ff.; Ulrici, in Herzogs Encyklopädie VII, 342 f.; Schmidt. Stud. u. Krit. 1874, 4. Heft, 620—628. 648—656: „Die Anfänge der Hegemonie des Menschen über die äussere materielle Natur und die erfolgreiche bis zur absoluten Negation sich steigernde Reaktion gegen seine leibliche Aussenseite genügen, um ausser Frage zu stellen, dass der freie Wille eine Rolle in der Erscheinungs-, in der sensibeln Welt spielt und einen unleugbar wirksamen Faktor ihrer Entwickelung bildet, und also Kants und seiner Jünger Behauptung sich als unrichtig erweist, dass innerhalb derselben nur die Notwendigkeit, nur der Naturmechanismus herrsche."

2*

In anderer Beziehung noch erweist sich jener Schluss Kants als fraglich. Die Formel des kategorischen Imperativs, das moralische Gesetz bezeichnet Kant als die ratio cognoscendi der Freiheit: diese werde durch jenes vorausgesetzt. Allein die logische Notwendigkeit, die ja zuzugeben ist, führt noch nicht auf die Wirklichkeit, auf die objektive Realität des zunächst nur als Vernunftidee vorhandenen Freiheitsbegriffes. Bekanntlich hat Kant gerade dieses Moment geltend gemacht bei seiner Widerlegung des ontologischen Gottesbeweises. In unserem Falle gilt gegen Kant seine Erklärung: dass einem Begriffe (Freiheit, Gott) keine einzige seiner Eigenschaften abgehe, wenn ihm das Dasein fehle; und dass ihm andererseits keineswegs die thatsächliche (nicht bloss logische, subjektive) Existenz zuzusprechen sei, falls ihm alle Eigenschaften zukommen.

Abgesehen aber von dieser logischen Schwäche in der Ableitung der transscendentalen Freiheit erweist sich die letztere auch praktisch als durchaus unzureichend und machtlos. Als transscendentale hat sie ausgesprochenermassen keine Bedeutung, keine Wirkungsfähigkeit in dieser unserer empirischen Welt; aus ihr wird sie in eine unserer Wahrnehmung unzugängliche andere, rein intelligibele Welt geflüchtet; dort entwirft die Vernunft wohl eine ideale Ordnung der Dinge kraft ihrer Freiheit, aber sie ist nicht imstande, diese ideale Ordnung in eine reale umzusetzen; wohl erwartet und fordert sie ihre Verwirklichung, aber sie überwindet nicht den Widerspruch der sensibelen Welt. Es ist ein leidiger Trost, wenn Kant lehrt: Freiheit und Naturnotwendigkeit in einer und derselben Handlung müssten sich nicht geradezu widersprechen, sie könnten beide gleichzeitig und harmonisch sich geltend machen, obschon sie von verschiedenen Kausalitäten ausgingen. Diese abstrakte, rein dialektische Möglichkeit lässt praktisch und in concreto doch jeden ratlos und trostlos, der in sich den Widerspruch des intelligibeln und des empirischen Charakters, des Sollens und des Seins empfindet. Die letzten Gründe von Verdienst und Schuld, so giebt Kant selbst zu, bleiben uns — trotz unserer Freiheit — verborgen, sie verlieren sich im Mysterium der intelligibelen That und in dem meritum fortunae, das dem Einen eine ohne sein Verdienst glückliche, dem Anderen eine ohne seine Schuld unglückliche Natur- oder Temperamentsanlage verlieh.

Aber nicht nur die abstrakte Unterscheidung zwischen dem Noumenon und dem Phänomenon des Menschen erweist sich bei der Ableitung des Freiheitsbegriffes als misslich: sondern auch die schroffe Unterscheidung der theoretischen und der praktischen Vernunft. Als Wurzel der Freiheit offenbart sich doch nicht bloss die letztere; schon die theoretische Vernunft erkannte die Freiheit als möglich, d. h. als sich nicht selbst widersprechend; die praktische Vernunft fordert nur auf Grund des Sittengesetzes, dessen Sollen unser Wollen und Können voraussetzt, die Thatsache und die Wirklichkeit der als an sich möglich erkannten Freiheit, und so gelangt Kant zur Lehre vom Primate der praktischen Vernunft über die theoretische, weil die Ergebnisse jener nur negativ, die dieser positiv seien. Dieser sachliche Primat der einen über die andere gefährdet die dialektische Koordination beider; und wenn Kant in der Entwickelung seiner Freiheitslehre gern die „reine" Vernunft als Quelle des Freiheitsbegriffes bezeichnet, so giebt er bei diesem „obersten Vermögen", dem Schlusssteine seines Systemes, „dem Ausgangspunkte aller Moralität" wider Willen selbst die Andeutung, dass jene abstrakte dualistische Scheidung schwer durchzuführen und anzuerkennen sei, es gebe in Wahrheit weder eine theoretische noch eine praktische Vernunft, sondern sie sei beides in Einem. Indem Kant über die beiden Hälften seines Vernunftsbegriffes hinaus greifen muss, um die Heimstätte der Freiheit in der intelligibelen Welt nachzuweisen, schwächt er die fundamentale Bedeutung des Vernunftbegriffes überhaupt stark ab. — Andere haben nach Kant diesen Vernunftbegriff daher nicht nur als die Wurzel ihres Systems negiert, sie haben auch den viel tieferen und fruchtbareren der „Persönlichkeit" an seine Stelle gesetzt; und damit treten sie aus dem Bannkreise der abstrakten Moral hinüber auf den lebensvollen Boden des biblischen Christentumes. Wohl gebraucht auch Kant den Begriff der Persönlichkeit, doch fasst er ihn nur in seiner praktischen, noch nicht in seiner universellen Bedeutung für das Wesen des Menschen auf. Persönlichkeit ist ihm geradezu identisch mit „Freiheit und Unabhängigkeit von dem Mechanismus der ganzen Natur" (Krit. d. pr. V. 155), was irrig ist; denn die Persönlichkeit ist nicht, sondern hat diese Freiheit als eines ihrer Momente. Zugleich ist ihm Persönlichkeit „das Vermögen, das moralische Gesetz als für sich hinreichende Triebfeder der Willkür zu achten", hierbei aber gilt nur die praktische Vernunft als konstitutives Moment (Krit. d. pr. V. 155; Rel. i. d. Grz. 18 f.: „Die Idee des moralischen Gesetzes mit der davon unzertrennlichen Achtung ist die Persönlichkeit, d. h. die Idee der Menschheit ganz intellektuell betrachtet", ihre Wurzel ist „die für sich selbst praktische, d. i. unbedingt gesetzgebende Vernunft"). — Namentlich durch Schleiermacher und Rothe ist der Begriff der Persönlichkeit vertieft und erweitert [1]), vor allem auch religiös bestimmt, d. h. unmittelbar an Gott geknüpft worden. [2]) Persönlichkeit und Wille decken sich nicht; jener ist der umfassendere Begriff und bezeichnet den geistigen Centralpunkt, die innere Einheit unseres Wesens, von der aus alle Geistes- und Seelenkräfte ihre principielle Bestimmung erhalten als blosse Organe. Das Ich in seiner innersten, geheimnisvollen Tiefe ist nicht Vernunft, Wille, Gefühl, sondern es hat sie; es selbst aber wird wieder gehabt von der absoluten Persönlichkeit (Gottes), vom absoluten Geiste. Dass auch Kant sich schliesslich über seine rationalistisch nur bestimmte Ethik hinaus zur Anerkennung einer religiös bestimmten gedrängt sah, beweist namentlich die dritte seiner grossen Kritiken, in der er erst vollen Ernst macht mit der schöpferischen und sittlichen Einwirkung Gottes auf die Welt.

Das Fernhalten des Gottesbegriffes als eines konstitutiven (nicht bloss regulativen) Faktors hat Kant bei der Ableitung und Fixierung seines Freiheitsbegriffes in einen augenscheinlichen Widerspruch verwickelt. — Er lehrt: Freiheit wäre nicht Freiheit, wenn sie nicht das Sittengesetz sich selber gegeben hätte; ferner aber bestimmt er dies Sittengesetz als kategorischen Imperativ der Pflicht. — Zunächst ist nicht einzusehen, weshalb zum Begriffe und Bestande der Freiheit jene Autonomie gehören soll. Ist nämlich die Freiheit eine absolute, so verträgt sich mit ihr überhaupt nicht der Begriff des Gesetzes; denn: die absolute Freiheit ist sich selber Gesetz, sobald man sie nur formell als Willkür und purus actus versteht; und fasst man sie als reale, als materiale, so gilt, dass dem Reinen, dem Heiligen kein Gesetz gegeben ist; er ist sich

1) Schleiermacher Dogm. I, 331 ff. II, 1 ff. (§§ 74. 78 ff.); Rothe, theol. Eth. I, 325 ff. 155—229. 324—393; Baader, Weltalter 131—381 (1868 ed. Fr. Hoffmann); Martensen, christl. Eth. I, 99 ff.; Ulrici, Gott und Mensch 595 ff., 606 ff.; Luthardt, Lehre v. freien Willen 4 ff.

2) Vgl. z. B. Fichte, Psychol. I, 15: „Persönlichkeit ist die Grundform des Geistes als solchen, daher als Form in allen Geistern, im absoluten wie im endlichen, schlechthin gleich." — Die „Einheit von Selbstbewusstsein und Selbstbestimmung" macht das Ich, die Persönlichkeit aus; beides aber giebt der Mensch nicht sich selbst, er findet beides als entwicklungsfähige Keime, als gegebene Anlagen in sich vor: als Mitarbeiter Gottes hat er sie zu entfalten und zu bethätigen. Wie Gott sich im Menschengeiste spiegelt, so soll sich dieser spiegeln in der Natur. Persona est quam personat deus.

14

selbst Gesetz.[1]) Ist aber die Freiheit eine relative, so bleibt sie als solche in Kraft, gleichviel, ob sie es mit dem Gesetze zu thun hat, das von ihr selbst oder etwa von Gott herrührt (Heteronomie als Theonomie); sie vermag ja in beiden Fällen, gemäss oder entgegen dem Gesetze sich zu entscheiden, sie vermag das Gesetz oder etwas ihm Fremdes zum Bestimmungsgrunde ihrer Handlungen zu machen. Vor allem aber: aus der Kantischen Fiktion, das Sittengesetz entspreche dem Noumenon des Menschen und stamme von diesem, das Phänomenon des Menschen aber widerstrebe ihm, ergiebt sich kaum die Folgerung, dass der Mensch gleichzeitig autonom und doch auch dem Gesetze verhaftet, verpflichtet sei. Die Folgerung lässt sich wohl in abstracto aufstellen, aber nicht in concreto bewahrheiten. Vielmehr würde — bei konkreter Anwendung des Kantischen Dualismus und seiner Konsequenzen — entweder das Für und Wider das Gesetz, das Bejahen und Verneinen des Gesetzes, also Noumenon und Phänomenon sich kompensieren, d. h. es würde zu gar keinem Wollen und Handeln kommen;[2]) oder es würde die positive, bezüglich die negative Seite dergestalt sich geltend machen, dass thatsächliche Unfreiheit des Willens einträte, weil auf Grund der einseitigen Entscheidung nur Zwang und Notwendigkeit übrig bleibt.

Was die Definitionen der Freiheit betrifft, so giebt Kant sowohl negative als positive Formeln. Dieser doppelte Ausdruck ist zur Erschöpfung ihres Inhaltes nötig, weil sich die Freiheit ja negativ zu der Erscheinungswelt, positiv zur Welt der Ideen verhalten soll. — Auch die Schrift hat die christliche Freiheit bezeichnet als ein Lossein von (Sünde, Tod, Gesetzesknechtschaft) und als ein Lossein für (Gott, Christus, der die lex viva und des Gesetzes Erfüllung ist);[3]) und ebenso definierte Luther die libertas christiana negativ als „die das Herz frei machet von allen Sünden, Gesetzen und Geboten", positiv als „Glauben und Lieben" (d. h. Leben in Gott). — Während nun die Schrift aber ausschliesslich die reale Freiheit betont, welche ihre res, d. i. ihre Wesenheit, ihren Grund und ihren Zweck in Gott hat:[4]) kennt Kant nur die formale Freiheit. Die formale und reale Freiheit verhalten sich nicht wie Abstufungen des einen Begriffes, sondern wie Form zum Inhalt, wie Abstraktum zum Konkretum, wie das

---

1) Ulrici, Herzogs Encykl. VII, 343: „Ein Wesen, welches das Sittengesetz sich selber gegeben hätte und dessen Freiheit also Autonomie wäre, könnte gar kein Bewusstsein von einem Sollen, von einer Pflicht haben, weil in ihm das Sittengesetz mit seinem freien Wollen in Eins zusammenfiele." Vgl. Jacob. I, 25: 2, 8: 1. Tim. 1, 9; Röm. 2, 15; Gal. 5, 22 f.

2) Aehnlich Martensen Ethik I. 445 f. „Ein solcher unversöhnlicher Dualismus zwischen dem Sittengesetze und dem Naturgesetze würde (nicht nur in Gottes Wesen selbst einen ungelösten Dualismus hineinlegen, sofern es ein und derselbe Gott ist, der sich in beiden Welten offenbart, sondern würde zugleich) die Einheit der menschlichen Natur aufheben, sofern es derselbe Mensch ist, dessen sinnliche Triebe, Blutumlauf u. s. f. bestimmt werden durch das Naturgesetz, und derselbe, dessen Wille sich nach dem Sittengesetze richten soll, welcher aber verurteilt sein würde zu einem unablässigen und resultatlosen Kampfe."

3) Negativ: Röm. 6, 18. 22; 8, 2. 21: 1. Petri 2, 16; 2. Petri 2, 19; Gal. 5, 13. Positiv: Röm. 8, 21: 6, 20; Joh. 8, 36. 32 ff. Gal. 4, 22 ff.; 2, 4; 5, 1: 1. Cor. 7, 22; 2. Cor. 3, 17. Besonders Röm. 8, 21 ist bezeichnend für die Zusammengehörigkeit des negativen (als des früheren) und des positiven Faktors; das passive ἠλευθερώθητε spricht scharf den Gegensatz aus zur Kantischen Selbstbefreiung und Selbsterlösung.

4) Das lateinische Wort liberi hat den doppelten Begriff „Freie" und „Kinder"; biblisch sind die liberi (die Freien) „Gottes Kinder" (Röm. 8, 14; 2. Cor. 3, 17.; Joh. 8, 32 ff.), von Gottes Sohn erlöst und von Gottes Geist getrieben.

Physische zum Ethischen.[1]) Nach Kant ist die Freiheit identisch mit der Willkür, jene geht in dieser auf: Willkür aber ist zunächst ein ethisch neutraler Begriff. Im aequilibrium liegt keinerlei Garantie für sittliche Konsequenz. — Doch Kant hat sich nicht begnügt, seinen rein psychologischen Freiheitsbegriff zur Basis der gesamten Moral zu machen (eine μετάβασις εἰς ἄλλο γένος): er setzt diesen psychologischen Begriff auch absolut (Freiheit der Willkür ist ihm das Vermögen des absoluten Anfanges einer Handlung); damit aber verliert er sich in leere Abstraktionen. Denn als Vermögen des absoluten Anfanges einer Handlung kommt die formale Freiheit (der Wahl, der Willkür) nirgends mehr vor. Denkbar ist sie wohl: jedoch dieses volle aequilibrium, diese volle sittliche Neutralität wäre vor den absoluten Anfangspunkt aller sittlichen Entwickelung zu verlegen (also noch vor Kants unfassbare und phantastische intelligible That), der für unser jetziges Sein und Thun keine praktische Bedeutung mehr hat.[2]) Das Ungenügende des rein formalistischen Freiheitsbegriffes, sowie der Wahn von der Absolutheit und Unverlierbarkeit der Freiheit ist nun zu prüfen.

Der Unterschied zwischen arbitrium liberum und arb. brutum, den Kant statuiert, hat keinerlei Beziehung auf den Unterschied zwischen realer (libertas) und formaler (aequilibrium) Freiheit; er betrifft nur der Gegensatz zwischen Persönlichem und Tierischem, zwischen selbstbewusster und physischer, instinktiver, pathologischer Wahl; er besagt nur, dass die ächte Willkür, das Vermögen der bestimmten Wahl (gegenüber dem unentschiedenen Schwanken und Wühlen) eine Prärogative der Persönlichkeit sei; dieses Vermögen ist ihm ein reines, absolutes, purus actus, wobei es nur auf das „Ob" oder „Dass", nicht auf das „Wie" und das „Was" des Handelns ankommt. Von ihm ist allerdings — mit Kant — in gewissem Sinne zu sagen, es sei unverlierbar:[3]) denn erst mit dem Aufhören des menschlichen Bewusstseins kann diese Art der Freiheitsbethätigung enden, die identisch ist mit bewusster Selbstbestimmung

---

1) Vgl. Rel. i. d. Grz. 11 f. 18. 21. 25. 48. Über den Begriff der formalen und der realen Freiheit vgl. Luthardt, Lehre vom freien Willen 6 ff.; Jul. Müller, Lehre von der Sünde II, 35 ff. 40 ff. 176 f. 230 ff.; Rothe, theol. Eth. I, 359 ff. „Die Macht der Selbstbestimmung ist keineswegs schon dasjenige, was man die „wirkliche" oder „reale" Freiheit zu nennen pflegt." Letztere ist „die mit der Notwendigkeit identische Freiheit, die Notwendigkeit als die moralische verstanden." „Freiheit und Notwendigkeit bilden ja logisch keinen Gegensatz und schliessen sich also nicht aus; der Freiheit steht der Zwang gegenüber, der Notwendigkeit die Zufälligkeit." — „Die formale Freiheit, d. h. die Macht der Selbstbestimmung ist die s. g. Wahlfreiheit, das bloss psychische Vermögen der Willkür, d. h. die Möglichkeit für das individuelle Ich, gegenüber jeder einzelnen Sollicitation zum Handeln, woher sie auch immer kommen möge, von aussen oder von innen her sich auf entgegengesetzte Weise, also sowohl affirmativ als negativ, zu verhalten." — Vgl. Schmidt, über die Freiheit des menschlichen Willens, Stud. u. Krit. 1874, IV, 613. 639. 658 f. Reale Freiheit ist Einigung des individuellen Willens mit Gottes Willen — deo servire vera libertas. Das den Menschen auf sich allein stellende moderne Grundprincip der Spekulation cogito ergo sum hat vor sich und über sich noch das cogitor, ergo sum oder cogito quia cogitor (mein von Gott Gedachtwerden ist nicht nur früher als mein Denken, sondern dieses ist auch erst möglich durch jenes). — Baader, Weltalter 250 f.: „Wahrhaft frei kann nur dasjenige Leben sein, das über der Zeit sich befindet."

2) Dem ersten Menschen vor seinem Falle mag man dies absolute aequilibrium beilegen; doch (nach Röm. 7, 14—24) den Adamiten ist es verloren, da unsre Willkür geknechtet und gefesselt ist durch die Sünde. „Gerade ihr Triumph im sündigen Menschen beweist ihre Schranke" (Luthardt). Vgl. Zezschwitz, Apolog. des Christentums 201 ff.

3) Vgl. Anselm de libero arbitrio epp. 10—12 (Hasse, Ans. v. Ctb. II, 388 ff.). Im Gegensatze zu Augustins Lehre vom servum arbitrium betont Ans.: homo semper liber est naturaliter, und deshalb:

ohne jedweden (moralischen oder physischen) Zwang. — Aber es ist nicht genug, diese Form der Freiheit, dies auch anders Können an dem persönlichen, sittlichen Menschenwesen zu betonen. Diese Form der Freiheit ist ja doch nur die äussere, die Naturseite der menschlichen Freiheit.[a]) Ihr fehlt die Seele. Die Seele der Freiheit, ihre res und materia, ihr sittlicher Inhalt muss zu dem abstrakten Begriffe hinzu kommen, wenn er lebendig werden und als Attribut eines sittlichen Wesens gelten soll. „Unabhängigkeit von aller Materie des Gesetzes" ist beim Wollen und Thun doch nur ein Wahn. Selbst angenommen, es hätte der freie Wille bei seiner ersten (nach Kant intelligibeln) That sich nur deshalb geäussert, um sein Dasein zu erweisen: so wäre er doch auch damals nicht schlechthin ohne Motiv verfahren. Irgend ein Motiv (in uns), irgend einen Zweck (ausser uns) hat jede Handlung;[3]) fragt auch die Willkür nicht nach Recht und Unrecht, erscheint sie auch unberechenbar und inkonsequent: in jedem einzelnen Falle ihrer Bethätigung verfährt sie doch nicht ohne Ziel und Zweck, sondern wenigstens mit der Absicht, ihr Dasein — trotz Andrer Erwartungen und Forderungen — eben so und nicht anders zu erweisen. Das sachliche, zugleich sittliche Princip solcher Freiheitsbethätigung ist der Egoismus. Es ist das niedrigste unter den denkbar möglichen, das bei steter Befolgung der Freiheitsbethätigung einen dämonischen, moralisch bösen Charakter aufprägt.[4]) Das höchste Princip des Willens und der Freiheit ist die Selbstlosigkeit, d. h. Liebe, „die nicht das Ihre sucht", Rücksichtnahme auf fremde Interessen, Unterordnung des Ich unter „Gott und die Brüder"; durch dieses Princip werden erst die Individuen, diese Atome im Universum zusammengefasst zum einheitlichen Organismus des ja auch von Kant postulierten „Reiches Gottes." Fehlt dem Willen seine principielle Bestimmtheit und Richtung, so zersplittern seine Thaten nach allen Seiten hin; es fehlt ihm Charakter, Einheit, Stetigkeit; so lange diese Eigenschaften fehlen, ist von einem Fortschritt in der sittlichen Gestaltung des Einzelnen ebenso wenig zu reden, wie von einem Fortschritt in der Kulturgeschichte der Völker, so viele einzelne Willensakte auch sich häufen mögen. Gegenüber dem Augustinismus liegt eine der Hauptschwächen des Pelagianismus darin, dass er das Individuum ohne Zusammenhang mit dem Geschlechte und im Individuum die einzelne That ohne Zusammenhang auffasst mit dem, was vor ihr schon gethan und erfahren wurde. Nicht nur unser eigenes früheres Thun determiniert (mehr oder minder, je nach der Energie mit der wir handelten, und je nach der Zahl der gleichartigen Akte), sondern auch das determiniert unser späteres Sein und Thun, was wir leiden, was Andre an uns

---

a libertate sua nec per se nec per alium potest privari, freilich ist für Ans. diese Freiheit nur potestas, d. i. Möglichkeit der Bethätigung, eine schlummernde oder durch die Hegemonie der Sünde niedergehaltene Kraft.

2) „Absolut frei (oder der absoluten Freiheit Gottes teilhaftig) ist nur der vollendet Gute, nicht der noch der Freiheit der Wahl Ausgesetzte." „Nur der ist frei vom Zwange des Gesetzes, der in dessen Geiste lebt; das Hervortreten des Gesetzes begleitet nur den Zustand der Entgeistung des Gemütes und dessen Entfernung von seinem rechten, gesunden Leben." Baader a. a. O. 251.

3) Spinozas Satz: „Die Seele kann nicht die unbedingte Fähigkeit des Wollens und Nichtwollens haben, sondern sie wird zu diesem oder jenem Wollen von einer Ursache bestimmt" (Ethik, ed. Kirchmann, S. 59. 68. 77. 92 f.) wurde auch von Leibnitz und Herbart adoptiert, bezügl. erwiesen (vgl. Leibnitz, Theodicee ed. Gottsched S. 200 ff.)

4) Shakespeare lässt dieses Princip von Richard III. (Akt 5, Scene 3) in der Formel aussprechen: „Richard liebt Richard, d. h. Ich bin Ich."

thun.[1]) Je länger desto mehr entwickelt sich im Menschen ein habitus sittlicher Art, ein konstanter Charakter (im guten oder bösen Sinne): und so bewahrheitet sich nicht nur das operari sequitur esse, sondern auch das esse sequitur operari. Das Erste ist (auch nach Kants Lehre von der Präexistenz der Seele und deren für unser gegenwärtiges Sein verhängnisvollen, weil dasselbe prädestinierenden That) immer: operari sequitur esse; mein Charakter (esse) wird mir nicht angeboren, sondern er ist das Resultat meiner eigenen sittlichen Entscheidungen, das Gepräge, welches meine vereinzelten Thaten meiner Erscheinung aufdrücken. Andererseits aber gilt auch: esse sequitur operari; bin ich einmal von einer bestimmten sittlichen Qualität, eignet mir ein bestimmter Charakter: so bin ich im einzelnen Falle gebunden und unfrei.[2]) An den Wendepunkten des Lebens, in den eminent entscheidenden und bedeutsamen Krisen des sittlichen Werdens stehen die Thaten, die auf weite Strecken hinaus unser äusseres Schicksal wie unser inneres Wollen determinieren; seit wir unter diesen Bann gerieten, waren unsre einzelnen Handlungen nicht mehr frei, sondern sie waren die notwendigen Folgen des von uns angenommenen Charakters: für diese einzelnen Handlungen (falls sie böse sind) sind wir in zweiter Linie erst verantwortlich, in erster Linie sind wir's dafür, dass wir unsern Charakter so und nicht anders ausgeprägt haben: „hab' ich des Menschen Kern (esse) erst untersucht, so hab' ich auch sein Wollen und sein Handeln" (operari).

Kant nun schwankt zwischen der Anerkennung des Satzes: operari (intelligible That) sequitur esse (Thatsache des radikalen Bösen) und der Läugnung desselben (die Freiheit ist absolut, ist unverloren und unverlierbar) unklar hin und her. Konsequenter Weise ergiebt die — doch ernst gemeinte — Prämisse vom vorzeitlichen Falle nur die sittliche Determiniertheit der Gefallenen inmitten des zeitlichen Lebens; letzteres behält also nur die Bedeutung einer Offenbarung und Weiterentwickelung des präexistenten Falles: und es ist nicht abzusehen, wie und in welchem Momente der habituelle (böse) Charakter sich nach der entscheidenden und fortwirkenden That von sich aus soll in sein Gegenteil umwandeln können; die psychologische Consequenz (anders zu handeln, als der geknechtete Wille handeln muss) führt nicht zur moralischen, faktischen potestas.[3])

Nach Kant ist die Freiheit des Menschen absolut. Der Philosoph stimmt überein mit dem Dichter: „der Mensch ist frei geschaffen, ist frei, und wär' er in Ketten geboren." Nur ist leider diese Freiheit eine rein imaginäre, keine praktische: sie überwindet weder die Ketten, die uns die Natur, noch diejenigen, die wir uns selber — sittlich uns prädeterminierend — angelegt haben. Auf dem physischen wie auf dem sittlichen Gebiete gilt: nicht immer und nicht sofort können wir, was wir wollen; wohl können wir in Gedanken jederzeit uns frei bestimmen, aber des guten Gedankens Blässe kontrastiert oft schmerzvoll mit der Macht des abnormen, des bösen Charakters. Frühere Willensakte haben eine Reihe von Folgen nach sich gezogen: ihnen vermögen wir uns nicht mehr, nicht sofort, nicht allein zu entziehen. Freie Selbstbestimmung hat ihre Schranke an dem, was hinter uns liegt, als eigene That

1) „Das menschliche Individuum steht keineswegs allein, sondern ist ein Glied im Organismus des Geschlechtes, der Sünde desselben theilhaftig; die Sünde als Erbsünde ist eine dem Individuum angeborene Naturbestimmtheit und seine Entwickelung ist vielfach bedingt durch seine Umgebungen." Martensen. Ethik I, 146 f.; Dogm. 150 f. 157 ff.; Ebrard, Apologet. I, 241 ff.; Luthardt, die modernen Weltanschauungen 21 ff. 27. 35 f.

2) Vgl. Matth. 12. 33. 35; Martensen, Eth. I, 159 ff. 166 ff. 143 f. 179.

3) Vgl. Schmidt, a. a. O. 606 ff. 611 f. 619 f. 635—644; Ritschl. Rechtfertigung und Versöhnung III, 450 f. 308.

oder fremdartige Hemmung (Raum, Zeit, körperliche Organisation, physische und geistige Beanlagung); seit der Thatsache, dass der Mensch mit den Schranken des ihm gegebenen Gesetzes die Ziele und Zwecke der Welt wie seines Lebens (subjektiv) änderte, ist er selbst ein Anderer geworden; er ist nicht mehr frei v o n der Sünde, sondern nur noch frei i n und f ü r die Sünde; Irrtum und Schuld trüben des Geistes Auge und depotenzieren die ursprüngliche Energie für's Gute.[1]) — Kants Behauptung, die Freiheit des Menschen sei „absolute Spontaneität", „das Vermögen der absoluten Kausalität" oder „des absoluten Anfanges einer Handlung", wäre wohl nicht so oft und so schroff ausgesprochen worden, wenn er nicht auf K o s t e n des G o t t e s - b e g r i f f s, der für Kant mehr Hypothese als Wirklichkeit, mehr ideeller Regulator als faktischer Kreator und Konstitutor der Welt ist,[2]) dem Menschenbegriffe die Attribute des Absoluten zuerteilte. Nur Gott hat Freiheit des Seins und des Handelns; der Kreatur eignet nur die eine von beiden, denn ihr fehlt die Aseität; sie ist nur frei zum Handeln — d. h. relativ frei, innerhalb der ihr vom Schöpfer gezogenen Schranken. Nur Gott eignet die absolute Freiheit des Handelns, weil sein Thun keine andre Schranke hat als sein Sein, Gott aber ist a se (Gottes Heiligkeit ist die Schranke für seine Allmacht). Des Menschen Freiheit ist gemäss seiner Kreatürlichkeit und seiner absoluten Abhängigkeit von dem Gotte des Lebens nur eine r e l a t i v e;[3]) selbst die ärgste Willkür eines dämonischen Menschen zerstört nimmer die Zirkel der Gottheit, er bleibt frei — zum Guten wie Bösen, zum Bilden wie zum Zerbrechen — doch nur in s e i n e r S p h ä r e. Das höchste Lebensziel des Menschen ist: dass er ein „M i t a r b e i t e r Gottes" werde, der willig seine Kraft, was er ist und hat, dem göttlichen Weltenplane assimiliert und dienstbar macht; das schlimmste Verhängnis ist, wenn der Mensch w i d e r seinen Willen der göttlichen Weltordnung dienen m u s s.[4]) Kant hat über dem Freiheitsbegriffe, der den Menschen ja allerdings hinaushebt über Naturzwang und Naturmechanismus, den W e c h s e l b e g r i f f ignoriert, der zur Freiheit gehört: es ist der der A u t o r i t ä t. Je höher der Mensch sittlich steht, je freier er sich bewegen darf innerhalb der weiten, ihm angewiesenen Sphäre: desto geistiger, desto fühlbarer sollte ihm die schöpferische Autorität entgegen treten, desto pietätsvoller sollte er seiner Abhängigkeit von dem allwaltenden Gotte (der für ihn insonderheit ein Gott d e r G n a d e ist), auch vor und ausserhalb der Erlösung inne werden. Kant v e r g ö t t e r t i m Menschen das Pflichtgebot, das abstrakte formale Gesetz, die autonome und autokratische Freiheit: so aber e n t g ö t t e r t e er ü b e r und a u s s e r dem Menschen die Welt. Diese u n p e r s ö n l i c h e n Begriffe und Ideen verzerrten ihm den Weg zu dem p e r s ö n l i c h e n Gotte (als Schöpfer und

---

1) Vgl. Ebrard, Apolog. I, 231 f. und dessen ganze Ausführung über die „Pathologie der Sünde im Einzelnen und im Geschlechte." — Bezeichnend ist die Äusserung des Erasmus, im Streite mit Luther über das liberum bezgl. servum arbitrium habe er seine Freiheit v e r l o r e n, f ü r die er schrieb.

2) Die Schöpfung ist nach Kant nicht empirische Thatsache, sondern i n t e l l i g i b l e r Akt; nur als ob die Welt von Gott (und zwar mit Beziehung nur auf die Noumena) geschaffen wäre, haben wir sie zu begreifen. Vgl. Ulrici, Herzogs Encyklopädie VII, 342.

3) Vgl. z. B. „die menschliche P e r s ö n l i c h k e i t (das Allgemeine) ist durch die I n d i v i d u a l i t ä t (das Besondere), die geistige und leibliche Naturbestimmtheit, begrenzt, welche dem Menschen v o r a l l e m Selbstbewusstsein und aller Selbstbestimmung gegeben ist, und welche durch den Willen zwar gebildet, niemals aber eine andere werden kann, als sie von Hause aus ist; in seiner Individualität hat jeder Mensch nicht nur seine Begabung, sondern auch seine Schranke." Martensen, Eth. I, 141. 440 ff.; Paret, Herzogs Realencyklopädie IV, 568. (Aufl. 1.)

4) 1. Cor. 3, 9 (Bengel dazu: sumus operarii dei et cooperarii invicem); 2. Tim. 3, 17; 1. Cor. 3, 16 f.; — Genes. 50, 20; Röm. 9, 17 ff.; Joh. 11, 50 f.; 17, 12.

Regierer, Gesetzgeber und Richter), und sie erschwerten ihm — trotz seiner Hymnen auf „Pflicht" und „Gewissen" [1]) — die Geltendmachung der vollen, der wahren Autorität. „Die wahre Autorität kommt weder von unten noch lediglich von innen (so Kant): sie kommt von oben und verlangt, in dieser ihrer hohen Herkunft auch anerkannt zu werden."

Die abstrakte Fassung der Freiheit als formaler d. h. sittlich neutraler und ihre Loslösung von der Beziehung auf den heiligen Gott der Liebe brach die Strenge der im Einzelnen oft rigoristischen Moral, die Kant lehrte. Befremdlicher Weise nämlich findet sich im Systeme der Kantschen Moral zwischen die Begriffe des Guten und Bösen der des Erlaubten[2]) eingeschoben. — Befremdlich ist schon äusserlich, dass Kant a. a. O. auch für die sittlichen Begriffe die rein logische Trichotomie festhält, statt die durch das strenge Entweder-Oder jeder wirklichen (nicht nur „rigoristischen") Ethik erforderte Dichotomie einzuführen. Auch auf dem Gebiete der Moral ist Kant zu sehr systematischer Logiker; er bringt auch da den auf dem Gebiete der rein theoretischen Philosophie berechtigten Satz: dualitas (Thesis und Antithesis) ad unitatem (Synthesis) reducta est trinitas zur formellen Anwendung, doch freilich auf Kosten des Inhaltes seiner ethischen Begriffe. — Sachlich ist schon die Unterscheidung zwischen „Pflicht" und „vollkommener Pflicht" anstössig; so wenig wie sich der Begriff „gut," in seiner Fülle und Strenge genommen (vgl. Matth. 19, 17), komparieren lässt, so wenig auch der Begriff der Pflicht: in einer korrekten Ethik hat der Pflichtbegriff die ganze Summe des sittlichen Thuns zu umfassen und auf jede Handlung als sittlich bestimmbare sich zu beziehen. Das Kantsche Schema giebt eigentlich neben der „vollkommenen Pflicht" zwei negative Begriffe, Depotenzierungen der Pflicht — nämlich: „Pflicht" und „Erlaubtes." Der Begriff des Erlaubten bezeichnet nichts Positives im sittlichen Sinne, er enthält kein klares sittliches Urteil, sondern fordert nur, dass etwas, was der sittlichen Bestimmtheit und Wertschätzung noch nicht unterliegt, ihr unterzogen werde. So hat dieser Begriff auch nur ein relatives Recht: im alltäglichen Leben, das voller sittlicher Mängel und Unklarheiten ist, und für Individuen, welche das Antlitz des Heiligen als höchste richtende Instanz noch nicht zu ertragen und zu befragen vermögen. In der Kantschen Moral aber, die sich als die Erfinderin und Trägerin des absoluten sittlichen Gesetzes ankündigte, sollte dieser laxe und unklare Begriff keine Stelle haben. Sittliche Adiaphora giebt es nicht, wo das vollkommene „Gesetz der Freiheit" (Jacob. 2, 8; 1, 25) regiert und richtet; daher schränkte Paulus sein grossartiges Wort πάντα ὑμῶν ἐστιν, um jede Missdeutung (durch Indifferenz oder sittliche Schlaffheit) fernzuhalten, sofort ein durch ὑμεῖς δὲ χριστοῦ, χριστὸς δὲ Θεοῦ (1. Cor. 3, 22 f.); darum fügt er zu dem kühnen πάντα μοι ἔξεστιν zweimal die, jeden Libertinismus subjektiver Art durch Rücksicht auf die Nächsten niederhaltende Erklärung: ἀλλ' οὐ πάντα συμφέρει, ἀλλ' οὐκ ἐγὼ ἐξουσιασθήσομαι ὑπό τινος (1.Cor. 6, 12: potestas penes fidelem, non penes res, quibus utitur, esse debet; libertatem, in se bonam, tollit abusus libertatis, erläutert Bengel.) Also: die formale und nur subjektive Möglichkeit, sich frei für Etwas zu entscheiden, hat ihre Schranke an dem materialen, objektiven Gesetze (Liebe zu Gott, Christus, den Brüdern); faktisch ist in jedem Momente nichts mir erlaubt, sondern jedes ist mir entweder geboten oder verboten durch den Geist des Gesetzes. Hätte Kant es nicht vermieden, seine formalistische Gesetzgebung auch material zu bestimmen (vgl.

---

1) Krit. d. pr. Vernunft 154. 288 f. (143—146).

2) Krit. d. pr. Vernunft 117. Nach der Modalität gliedert dort Kant die Begriffe des Guten und Bösen in das Erlaubte und Unerlaubte, die Pflicht und das Pflichtwidrige, vollkommene und unvollkommene Pflicht. Vgl. a. a. O. S. 21. 39,

Matth. 22, 38 ff.; 19, 17: 1. Joh. 4, 9 f. 16 ff.; Röm. 13, 10; 1. Cor. 13, 1—13) ¹), so wäre sein Pflichtbegriff nicht fehlerhaft geworden (weil unvollständig und vorwiegend negativ) und der nur einer mangelhaften Sittlichkeit entnommene Begriff des Erlaubten hätte nicht da in die leere Stelle eintreten können, wo Kants Gesetzesformel die sittlichen Grenzbestimmungen nicht zu treffen vermag. ²)

3) Die Autonomie der praktischen Vernunft.

Mit der Lehre von der Autonomie der praktischen Vernunft und dem ihr entnommenen Pflichtbegriffe trat Kant drei theologischen und philosophischen Anschauungen entgegen. Erstens bestritt er den Prädestinatianismus³), nicht nur in der Augustinischen,

---

1) Das neue Testament fasst die „Freiheit" geradezu überall als „reale", d. h. durch Gott bestimmte und auf Gott hingerichtete auf (vgl. die Stellen in Note 3, S. 14); durch Christus und den heiligen Gottesgeist wird sie uns errungen und mitgeteilt. — Die einzige Stelle, in der man die formale Freiheit finden könnte, ist 1. Cor. 10, 29: ἱνατί γὰρ ἡ ἐλευθερία μου κρίνεται ὑπὸ ἄλλης συνειδήσεως (cf. auch 1. Cor. 3. 21 f. 6, 12): doch auch hier ist wohl Pauli persönliche ἐλευθερία, weil unter dem Einflusse seiner religiösen und sittlichen Überzeugung stehend, nicht „Willkür", nicht „material unbestimmt." — Die reale Freiheit ist nach der Schrift für die Menschen ausserhalb der Gnade und Erlösung verloren, da das natürliche Denken (1. Cor. 1, 18 ff. 26 ff. 2, 5 ff. 12 ff.; Ephes. 4, 17 ff. 23; 1. Tim. 6, 5; Röm. 1, 28. 12, 2) ebenso wie das natürliche Wollen (Röm. 7, 14 ff.) ein (trotz der mittelst der Vernunftkritik Röm. 7, 23. 25 versuchten Reaktion gegen die Macht des Bösen) geknechtetes und sittlich verkehrtes bleibt. Es ist daher nicht zufällig, dass Paulus in Röm. 7, 15 f. 19 ff. θέλω schreibt, nicht βούλομαι; θέλειν ist schwächer als βούλεσθαι, es ist nur das innere Denken der — von der Ausführung noch weit entfernten That — wogegen βούλεσθαι das der Ausführung sich nähernde, bestimmte Wollen der That ausdrückt (vgl. Tittmann, Synon. 124 ff.: θέλειν sei simplex volitio, βούλεσθαι ipsa animi propensio); die lahm gelegte sittliche. reale Freiheit bringts eben nicht mehr, bezüglich noch nicht wieder zum energievollen βούλεσθαι, sondern nur zum pium desiderium des θέλειν. und die formale Freiheit dient bösen, dem Menschenwesen fremdartigen Impulsen. — Die Schrift leugnet indessen nicht (wie Augustin), dass es im natürlichen Menschen auch eine Sittlichkeit gebe — auch ausser der durch Christus und die Erlösung uns vermittelten, und mit dem Geiste der Heiligkeit erfüllten; nur lehrt die Erfahrung, dass ihre Keime und Regungen niedergehalten werden ohne Hoffnung auf des Menschen volle restitutio in integrum aus eigener Kraft. — Vgl. über die letzten Gedanken: Martensens Ethik I, 69 f. 209 f. (Röm. 1, 19 ff. 23 ff. 2, 14 ff.; Act. 17, 22 ff. 28 ff.; Joh. 3, 16; Matth. 13, 33; 19, 29; 13, 45 f.); über die bibl. Lehre von der Freiheit: Weiss, bibl. Theol. (3. Aufl.) 350 ff. 633 ff. 177 f. — Auch Luthardt, die modernen Weltanschauungen 24 f. 34 f. 57.

2) Zur Kritik des „Erlaubten" vgl. Schleiermacher, Krit. d. bisher. Sittenlehre 131. 134. 148 f. 151 f. 185—196; Rothe, theol. Ethik III, 372 ff. 376 ff.; Fichte, System der Sittl. 155 f. 261 f.; Martensen, christl. Ethik I, 534 ff. „Das innerliche und notwendige Verhältnis zwischen der Willensfreiheit und dem Gesetze der Heiligkeit umfasst das gesamte Freiheitsleben: auf dem Gebiete desselben giebt es durchaus Nichts, was gleichgültig oder bloss zulässig (erlaubt) wäre." „Nur ein einseitiger Nominalismus, der den Begriff der Pflicht äusserlich fasst als ein bestimmtes Quantum von Geboten und Verboten, kann die Ansicht vertreten, dass alle weder ausdrücklich gebotenen noch verbotenen Handlungen darum gleichgültig seien und dass in Betreff derselben der Einzelne sich als ausser dem Gesetze stehend (als Gesetzlosen) betrachten könne." „Man übersieht dabei, dass die Pflicht das ganze Freiheitsleben als eine Einheit umfasst, und dass sie nichts mit dem Ideale der Persönlichkeit selbst." — Dagegen vertritt Wendt (über d. sittlich Erlaubte. 1880: Berlin, Habel) die Berechtigung des Erlaubten in d. sittl. Welt: z. B. überall da, wo neben der Arbeit und Pflichterfüllung die Erholung ihr Recht habe.

3) Seine eigene Anschauung über Prädestination und Präscienz formuliert Kant, Relig. i. d. Grz. d. V. 178 f.: „Das Vorhersehen ist in der Ordnung der Erscheinungen für den Welturheber, wenn er hierbei selbst anthropopathisch gedacht wird, zugleich ein Vorherbeschliessen. In der über-

durch die Reformatoren[1]) adoptierten und ausgebildeten Form der rein theologischen, auf objektive Gründe (voluntas dei occulta, aeternum dei decretum) zurückgeführten Prädestinations-lehre, sondern auch in der Leibnitz'schen Fassung[2]) des inneren, subjektiven Determiniertseins des Willens, das Kant als ein „mechanisches" erschien, als ein „durch ein Uhrwerk getriebener Bratenwender." Mit Nachdruck trat er für die Freiheit des Menschen ein, ohne welche die Persönlichkeit und die Sittlichkeit des Menschen ihres Adels verlustig gehe. — Zweitens bestritt Kant den Empirismus und Realismus der anglikanischen Schule, die ähnlich wie die epikuräische das höchste Gut in der Glückseligkeit suchte (Eudämonismus). Glückseligkeit dürfe nur die Folge sein eines sittlichen Grundes, der Tugend; sonst verliere sich die Maxime (das persönliche Motiv) in rein materialen, subjektiven, daher nicht allgemein gültigen Regeln, die insgesamt sich um das egoistische Princip der eigenen Glückseligkeit nur drehten. „Moral ist nicht sowohl die Lehre, wie wir uns glücklich machen, sondern wie wir der Glück-seligkeit würdig werden sollen." — Drittens wendete sich Kant bei Aufstellung des Tugend-begriffes gegen die Stoiker, die Wolffianer und ihren an eine ferne Zukunft nur sich haltenden Idealismus. In dem Wolff'schen Imperative: „Suche dich immer vollkommener zu machen," und in dem Wolff'schen Kriterium für die Vollkommenheit einer Handlung: „Übereinstimmung mit dem Wesen des Handelnden mit den Folgen der Handlung" vermisste Kant die scharfe Scheidung zwischen Legalität und Moralität, die Kant durch seinen Pflicht-begriff einführte. Polemisch wie sachlich ihn bestimmend ruft er enthusiastisch aus: „Pflicht, du erhabener grosser Name, der du nichts Beliebtes, was Einschmeichelung bei sich führt, in dir fassest, sondern Unterwerfung verlangst, doch auch nichts drohest, was natürliche Abneigung im Gemüte erregte und schreckte, um den Willen zu bewegen, sondern bloss ein Gesetz aufstellst, das von selbst im Gemüte Eingang findet und doch sich selbst wider Willen Verehrung — wenn gleich nicht immer Befolgung — erwirbt, vor dem alle Neigungen verstummen, wenn sie gleich im geheimen ihm entgegen wirken: welches ist der deiner würdige Ursprung? Es kann nichts Minderes sein, als was den Menschen über sich selbst erhebt (als einen Teil der Sinnenwelt), was ihn an eine Ordnung der Dinge knüpft, die nur der Verstand denken kann; es ist nichts Anderes, als die Persön-lichkeit, d. i. die Freiheit und Unabhängigkeit von dem Mechanismus der gesamten Natur, doch zugleich als ein Vermögen eines Wesens betrachtet, das eigentümlichen (nämlich von seiner eigenen Vernunft gegebenen, rein praktischen) Gesetzen — die Person also als zur Sinnenwelt gehörig ihrer eigenen Persönlichkeit — unterworfen ist, sofern sie zur intelligibeln Welt gehört."[3]) Dieses in jedem vernünftigen Wesen vorhandene sittliche oder praktische Gesetz bestimmt Kant als objektives, d. h. als für den Willen jedes vernünftigen Wesens gültigen

---

sinnlichen Ordnung der Dinge aber nach Freiheitsgesetzen, wo die Zeit wegfällt, ist es bloss ein all-sehendes Wissen, ohne, warum der eine Mensch so, der andere nach entgegen gesetzten Grundsätzen verfährt, erklären und doch auch zugleich mit der Freiheit des Willens vereinigen zu können."

1) Die Stellung der vier Reformatoren zur Lehre von der Voraus-bestimmung: bei Kahnis, Kirchen-glaube (Dogm. II. Thl., 1. Aufl., 502—515; Luthardt, vom freien Willen 87 ff. 108 ff. 150 ff. 168 ff.; Gass. Gesch. der prot. Dogm. I, 91 ff. 116 ff.; Beck in Stud. und Krit. 1817, 70 ff. 311 ff.; Dorner, Gesch. d. prot. Theol. 198—212. 385—395).

2) Vgl. bei Erdmann, Gesch. d. Philos. II, 165 ff.

3) Krit. d. pr. V. 154 ff.

praktischen Grundsatz, als objektives Princip des Wollens. Dem Gesetze gegenüber stellt er die Maxime, als subjektives Princip des Wollens.[1]) Das moralische Gesetz bildet den Wechselbegriff zur Freiheit: jenes ist für diese die ratio cognoscendi und hat an dieser seine eigene ratio essendi. — Rätselhaft bleibt sowohl sein Ursprung, als die Art und Mächtigkeit seiner Wirkung. — Es lässt sich nicht aus vorhergehenden Datis der Vernunft (etwa dem Bewusstsein der Freiheit) herausvernünfteln, sondern es ist das einzige Faktum der Vernunft, die sich dadurch als ursprünglich gesetzgebend ankündigt (sic volo sic jubeo); es drängt sich für sich selbst als sympathetischer Satz a priori auf, der auf keiner (weder reinen noch empirischen) Anschauung gegründet ist.[2]) — Was seine Wirkung betrifft, so ist weder durch Vernunft einzusehen noch durch Beispiele zu belegen, dass die blosse Idee einer Gesetzmässigkeit eine mächtigere Triebfeder unserer Willkür sein könne, als alle nur erdenklichen materiellen Bestimmungsgründe und Vorteile, also dass die blosse Form des Gesetzes unabhängig von empirischen Bedingungen den Willen absolut bestimmt;[3]) ebenso ist es bewunderungswürdig, dass im Gegensatze zur Selbstliebe und dem Eigendünkel das nur durch sich wirkende Gesetz sich die Achtung erzwingt,[4]) d. h. das einzige durch einen intellektuellen Grund gewirkte Gefühl, das wir völlig a priori erkennen und dessen Notwendigkeit wir einsehen können. Das absolut bindende Gesetz der reinen praktischen Vernunft lautet: „Handle so, dass die Maxime deines Willens jederzeit zugleich als Princip einer allgemeinen Gesetzgebung gelten könne." Im Tugendhaften soll die subjektive Maxime sich decken mit dem objektiven, universellen Gesetze. Jenes Gesetz ist ein rein formales, ein kategorischer Imperativ, d. i. eine Regel, die durch ein Sollen, welches die objektive Nötigung der Handlung ausdrückt, bezeichnet wird; und Kant rechnet sich den Tadel seiner Kritiker, dass sein praktisches System kein neues Princip, sondern nur eine neue Formel aufstelle, zum entschiedenen Lobe an.[5]) Denn durch Aufnahme irgendwelches materialen Bestimmungsgrundes in die Maxime des Handelnden gehe die Autonomie der praktischen Vernunft verloren, und es trete die sittlich verpönte Heteronomie ein. „Unabhängigkeit von aller Materie des Gesetzes ist Freiheit im negativen, die eigene Gesetzgebung aber der reinen und als gesetzgebend zugleich praktischen Vernunft ist Freiheit im positiven Verstande;"[6]) sie ist „das alleinige Princip der Sittlichkeit."

---

1) Krit. d. pr. V. 36 ff. 64. 238 ff.; Relig. i. d. Grz. 16. — Vgl. Rothe, theol. Eth. III, 369.
2) Krit. d. pr. V. 55 f. 5. 13. 30. 51 ff. 203.
3) Rel. i. d. Grz. 71 f. 77; Krit. d. pr. V. 55. 60—71. 126 ff. 133 f. 210 ff.
4) Krit. d. pr. V. 132. 137 ff. 210 ff. 231. „Achtung für das moralische Gesetz ist die einzige und zugleich unbezweifelte Triebfeder"; sie ist „eine Demütigung" und „Schwächung" des Eigendünkels; sie ist „so wenig ein Gefühl der Lust, dass man ihr sich in Ansehung eines Menschen nur ungern überlässt."
5) Krit. d. pr. V. 36 ff. 54 ff. 14. 113; Rel. i. d. Grz. 131 ff.; Erdmann, Gesch. d. Phil. II, 350.
6) Krit. d. pr. V. 58—71. 74 ff. 110 ff.; Rel. i. d. Grz. 61 ff. Da der Begriff des Guten und des Bösen nicht vor dem moralischen Gesetze, sondern nur nach demselben und durch dasselbe bestimmt werden müsse: so sei es ein uralter Fehler der ethischen Systeme, dass sie einen Gegenstand nach Begriffen des Guten und Bösen zum Grunde alles praktischen Gesetzes machten, der doch ohne vorhergehendes Gesetz nur nach empirischen Begriffen gedacht werden könne. „Mochten sie diesen Gegenstand der Lust, der den obersten Begriff des Guten abgeben sollte, in der Glückseligkeit, in der Vollkommenheit, im moralischen Gefühle oder im Willen Gottes setzen: so war ihr Grundsatz allemal Heteronomie, sie mussten unvermeidlich auf empirische Bedingungen zu einem moralischen Gesetze stossen, weil sie ihren Gegenstand als unmittelbaren Bestimmungsgrund des Willens nur nach seinem unmittelbaren Verhalten zum Gefühle, welches allemal empirisch ist, gut oder böse nennen konnten."

Durch die Heteronomie entsteht die Unlauterkeit (impuritas, improbitas) des menschlichen Herzens, die darin sich zeigt, dass die Maxime nicht das Gesetz allein zur hinreichenden Triebfeder in sich aufnimmt, sondern noch anderer Triebfedern bedarf, also dass pflichtmässige Handlungen nicht rein aus Pflicht gethan werden. Dazu komme noch ein Doppeltes, was unter Voraussetzung der Heteronomie nicht gelte: nämlich, dass, was nach dem Princip der Autonomie der Willkür zu thun sei, für den gemeinen Verstand ganz leicht einzusehen sei und dass dem kategorischen Gebote der Sittlichkeit Genüge zu leisten (d. h. die erkannte Pflicht zu erfüllen) in jedes Gewalt sei zu aller Zeit.[1])

Was den im Begriffe der Autonomie als Selbstgesetzgebung liegenden scheinbaren Widerspruch betreffe: so sei diese eigene Gesetzgebung so zu verstehen, dass der Mensch als Noumenon das Gesetz gebe, als Phänomenon es erhalte. Drücke auch die Majestät des Gesetzes den Menschen als Phänomenon nieder, so wirke doch die Achtung vor dem Gesetze dermassen erhebend, dass nach Überwindung der Furcht und des Zitterns die Hoffnung auf Vermehrung der sittlichen Kraft, ja sogar die Bereitwilligkeit zur Gesetzeserfüllung sich einfinde, obschon der Mensch nie dahin kommen könne, alle moralischen Gesetze gern zu thun; denn dies sei nur dann denkbar, wenn in ihm nicht einmal mehr die Möglichkeit der Begierde, die zur Abweichung reize, vorhanden sei; dann aber müsste die Achtung vor dem Gesetze zur Liebe des Gesetzes, die Moralität und Tugend zur Heiligkeit selbst werden, ja das Gesetz müsste aufhören Gebot zu sein: doch dies anzunehmen, sei religiöse oder moralische Schwärmerei.[2])

Da diese Sätze direkt und indirekt auch gegen Ursprung und Inhalt des biblisch-christlichen Sittengesetzes polemisieren, so mögen die biblischen Urteile hier eine Stelle finden, die Kants Prämissen widersprechen.

Dass im Innern des Menschen ein Gesetz sich vorfinde, das mit absoluter Machtvollkommenheit ausgerüstet seine Forderungen fort und fort ausspreche, dessen Ursprung aber für uns rätselhaft sei, ist eine der Grundlehren auch des neuen Testamentes (Röm. 2, 14 ff; 7, 15 ff.). Aber es erscheint da nicht als Vernunftgesetz, geschweige als absolutes Vernunftgesetz: von der erfahrungsmässigen sittlichen Beschaffenheit des Menschen ausgehend protestiert das Christentum (wie jede positive Religion) gegen den angeblichen Vernunftursprung des höchsten Gesetzes sowie gegen dessen Absolutheit. Des Menschen νοῦς erscheint derart durch die in σάρξ und μέλη dominierende ἁμαρτία geknechtet, dass die erste Forderung des Christentums die μετάνοια ist, d. h. völlige Umwandelung des νοῦς.[3]) Diesem finster gewordenen Auge fehlt die Sehkraft für das hoch über dem Menschen, wie er ist, stehende Heilige (Matth. 6, 23). Ihm kann das oberste Gesetz weder entstammen noch entsprechen

1) Krit. d. pr. V. 64 f.; Rel. i. d. Grz. 22. 42 f. 52.

2) Krit. d. pr. V. 139 ff. 149 ff. 230 ff.; Rel. i. d. Grz. 18 f. 55 ff. 87 ff. Vgl. Erdmann, Gesch. d. Phil. II, 348 ff. — Zur Kritik vgl. Pünjer, die Religionslehre Kants 1874; Hildebrand, Grundlinien der Vernunftreligion Kants 1875. Jener betont besonders die Selbstwidersprüche Kants bei Bestimmung von Religion und Sittlichkeit, dieser weist die Unmöglichkeit einer blossen Vernunftreligion nach.

3) Matth. 3, 2; 4, 17; 5, 3. 6; Joh. 3, 5. 8. 3; 1, 3. 5. 11 f.; Eph. 2, 8; 4, 17. 18. 23. 24. Die μετάνοια ist keineswegs nur That des Menschen, sie vollzieht sich nicht ohne göttlichen Gnaden- und Geistesbeistand; vgl. Weiss, bibl. Theol. 68—70. 343 ff.

24

(Röm. 7, 12. 14). [1]) Dieses oberste Gesetz ist seinem Ursprunge nach göttlich (νόμος τοῦ θεοῦ Röm. 7, 25; 8. 7), seinem Wesen nach geistig im specifisch-christlichen Sinne (Röm. 7, 12. 14): denn Gott ist Geist schlechthin (Joh. 4, 24; 16, 8—11; 2. Cor. 3, 17). Göttlich und geistig ist nicht nur Israels (Röm. 9, 4: 2, 17; 3, 2; Glt. 3, 19; Hebr. 2, 2) besonders geoffenbartes Gesetz, sondern auch das der Heidenwelt ins Herz geschriebene und angeborene Gesetz, dessen Deutung durch das Gewissen,[2]) dessen Erfüllung φύσει [3]) (d. h. in Folge der sittlichen Naturanlage) geschieht (Röm. 2. 14 f.) oder doch geschehen sollte (Röm. 1, 21 ff. 7, 15 ff.). Denn ein ἕτερος (anders, nicht nur der Zahl, sondern der Art nach) νόμος, dessen Sitz und Organ die σάρξ, die μέλη, sind und das von der ἁμαρτία ausgeht, hält den νόμος θεοῦ nieder (Röm. 7, 23. 25). Der Mensch ist erfahrungsmässig σάρκινος, ὑπὸ τὴν ἁμαρτίαν πεπραμένος und deshalb steht ihm der νόμος πνευματικός fremd, feindlich gegenüber; der ἔσω ἄνθρωπος und der noch nicht aller sittlichen Kritik und Energie bare νοῦς ist ja ohnmächtig, es zu erfüllen.[4]) Unerreichbar steht das hehre Gesetz Gottes (oder des Geistes) über der

1) Im neuen Testamente findet sich νοῦς an 22 Stellen: 19 mal in den Paulinischen Briefen, 2 mal in der Apokalypse, 1 mal bei dem Pauliner Lucas; die Vulgata übersetzt νοῦς meist mit sensus (Röm. 1, 28; 11, 34; 12, 2; 14, 5; 1. Cor. 1, 10; 2. 16; 14, 14 f.; Eph. 4, 17; Phil. 4, 7; Col. 2, 18; 2. Thess. 2, 2; Apokal. 17, 9; Luc. 24, 45). seltener mit mens (Röm. 7, 23. 25; 1. Cor. 14, 19; Eph. 4, 23; 1. Tim. 6, 5; 2. Tim. 3, 8; Tit. 1, 15), einmal mit intellectus (Apokal. 13. 18): nie durch (Kants) ratio. Während νοῦς (von νοεῖν), sensus (von sentire), Vernunft (von vernehmen) vorwiegend rezeptiv ist, ist die Kantische ratio mehr spontan, sie sucht und entwickelt, sie beurteilt und befiehlt. — Dass Paulus vor allen andern Aposteln den νοῦς und die Notwendigkeit seiner Reformation betont, hängt mit seinem Apostolat unter den Heiden, unter den Hellenen zusammen. Als theoretisches Fassungsvermögen erscheint νοῦς Luc. 24, 45: Phil. 4, 7; Apok. 13, 18; 17, 19; 1. Cor. 14, 14. 15. 19; als sittliche Denkart, als Gesinnung und Überzeugung mit Beziehung auf die Beeinflussung des Willens Röm. 1, 28; 7, 23; 11, 34; 12, 2; 1. Cor. 2. 16; 1. Tim. 6, 5; 2. Tim. 3, 8; Eph. 4. 17. 23; Tit. 1, 15; Col. 2, 18; — Röm. 14, 5; 1. Cor. 1, 10; 2. Thess. 2, 2: so dass also die sittliche, die praktische Anlage und Funktion des νοῦς vorwiegend betont wird. Vgl. Delitzsch, bibl. Psychologie 139 ff.; Beck, bibl. Seelenlehre 48 ff.; v. Zezschwitz, Profangräcität 69 ff.; Weiss, bibl. Theol. 247 ff. 345 f. 458. 578.

2) Die συνείδησις gehört zum natürlichen Geistesleben des Menschen (Röm. 2. 15; 13, 5; 1. Cor. 8, 7. 10. 12; 10, 25—29; 2. Cor. 1, 12; 4, 2; 5, 11) und fällt das Urteil über die sittliche Qualität der Handlungen und Gesinnungen (Hebr. 13. 18), auch ehe sie (ἡ συν.) zur Stimme des πνεῦμα (ἅγιον) im Wiedergebornen wird. Das Wort (τὸ συνειδός, später erst ἡ συνείδησις) entstammt dem Heidentume: es findet sich nicht bei Israel, dem Volke des geschriebenen und in zahllose Satzungen (365 Verbote, 248 Gebote) gegliederten Gesetzes. Wie der νοῦς kann auch die συνείδησις (das innerste Bewusstsein um den Herzenszustand) sich verdunkeln (2. Tim. 1, 9); Wissen und Gewissen hängen zusammen wie Irrtum und Schuld (Matth. 6. 23; Röm. 1. 19 ff. 23 ff.; Eph. 4, 17—23). Vgl. Weiss, bibl. Theol. 146. 345 f. 458. 487 f.; Ebrard, Apol. I, 215 f.; Baumstark, Apol. I, 210 ff.; 219 ff.; Luthardt, Zeitschr. für kirchl. Wissensch. 1880. Heft 1, 24 ff.; Harless, Ethik (6. Aufl.) 51 ff.; Ulrici, Gott und Mensch I, 634 ff.; Rud. Hofmann, Lehre vom Gewissen 1866; Kähler, d. Gewiss. (I. 1: Altert. u. neues Test.) 1878; Delitzsch, bibl. Psychologie 95 ff.; v. Zezschwitz, Profangräc. 75; Martensen, Ethik I, 457—473.

3) Das φύσει in Röm. 2, 14 legt ein Zeugnis ab für die anima naturaliter Christiana, der (Röm 1, 19 ff.) Gott sich in der Natur (τὰ ποιήματα) durch den νοῦς (τὰ νοούμενα) offenbart. Dem stoischen Gesetze (τῇ φύσει ὁμολογουμένως ζῆν) liegt die Wahrheit zu Grunde, dass die Naturordnung eine göttlich sanktionierte und für das Menschenleben typische ist: auch die Gleichnisse des Herrn sehen in der Naturordnung Symbole und Spuren des göttlichen, rein geistigen Lebens. (Alles Vergängliche ist nur ein Gleichnis.)

4) Das psychologische Verhältnis zwischen νοῦς und dem animalischen πνεῦμα erhellt aus Eph. 4, 23; 1. Cor. 14. 14—19; νοῦς ist spontan, aktiv, er urteilt, indem er dialektisch von den Erscheinungen auf das Wesen schliesst; πνεῦμα ist zunächst passiv (Endung μα, afflatus divinus) und wird in rätselhafter Weise,

gesunkenen Menschheit, so lange sie nicht durch den charismatischen Gottesgeist auf Grund eigener *μετάνοια* umkehrt vom Wandel *ἐν ματαιότητι τοῦ νοὸς* und *ἀνανεοῦται τῷ πνεύματι τοῦ νοός* (Eph. 4, 17. 23.).

Nur scheinbar leistet die Paulinische Stelle Röm. 7, 23 der Kantischen Behauptung vom Vernunftursprunge des Sittengesetzes Vorschub, sofern die Worte *τῷ νόμῳ τοῦ νοὸς* (vgl. 7, 22: *κατὰ τὸν ἔσω ἄνθρωπον*) Kants Satz zu bestätigen scheinen, dass der Mensch als Noumenon das Gesetz gebe (als Phänomenon es erhalte.) Doch 1) ist *τοῦ νοὸς* nicht gen. auctoris, sondern lokal zu verstehen entsprechend dem vorausstehenden (*ἕτερον νόμον*) *ἐν τοῖς μέλεσιν*, abgesehen davon, dass V. 22. 25 ausdrücklich als Autor des Gesetzes Gott genannt ist. 2) Der Kantsche Gegensatz zwischen dem Noumenon und Phänomenon des Menschen deckt sich nicht mit dem Paulinischen zwischen *νοῦς* und *σάρξ* (*μέλη*), denn beide letztre Potenzen (im homo nondum renatus) haben bei Paulus über sich das von Kant ignorierte *πνεῦμα* (*ἅγιον*) θεοῦ. d. h. die übernatürliche Potenz der Erlösung (im homo renatus). 3) Eine Parallele zu dem Kantschen Noumenon des Menschen könnte allenfalls bei Paulus in (I. Cor. 15, 45 ff.) dem „Geistesmenschen" gefunden werden, der als Urbild der neuen, zweiten Menschheit und als Antitypus der empirischen sündigen Menschheit erscheint; jedoch ist die Parallele nicht durchführbar, da Kant die Objektivität des Erlösers und des charismatischen Geistes läugnet und in subjektive Gedanken oder Eigenschaften umsetzt: ein Verfahren, das als letzte Konsequenz die Identifizierung von Gott und dem Noumenon des Menschen fordert, als deren Ausfluss die absolute Geltung des Vernunftgesetzes als eines dem Menschen immanenten erscheint.[1]

---

innerlicher und heftiger als jener erregt durch Eindrücke, die sich der rationalen Kritik entziehen. Eph. 4, 23 lautet die Forderung *ἀνανεοῦσθαι τῷ πνεύματι τοῦ νοός*, d. h. nicht nur *τῷ νοΐ*, sondern im Innersten, im Sanctuarium des *νοῦς* (Bengel: *πνεῦμα* penetrale *τοῦ νοός*; spiritus est intimum mentis). Vgl. Weiss, bibl. Theol. 249 ff. 345 f. In 1. Cor. 14, 14 ff. stehen sich *πνεῦμα* und *νοῦς* gegenüber: den Geist entführt die ekstatische, rein persönliche und individuelle, darum objektiv unverständliche Begeisterung nach der Höhe, so dass eine Kluft sich aufthut zwischen der stürmisch erregten Gefühlsempfindung und dem nüchternen, allgemein verständlichen Vernunftausdruck; was der Geist unmittelbar empfindet in einer höheren Sphäre, soll der *νοῦς* nur übersetzen in die Sprache des gewöhnlichen Lebens; freilich versagt ihm gar leicht die Sprache gegenüber den dunkelen, der gewöhnlichen psychologischen Erfahrung fremden Gemütsphänomenen; daher *τοῖς ἄκαρπός ἐστι* für die Hörer (dem fructum habet, sed non affert). — Vermag mit der *νοῦς* nicht einmal, der Interpret des innerlichen Geisteslebens im Menschen zu sein, so ragt er vollends nicht empor zum Verständnis des *πνεῦμα* (*ἅγιον*) θεοῦ, der reformatorischen Macht der Gnade, des gottgegebenen Principes des neuen Lebens (Röm. 1, 28; Eph. 4, 17; Col. 1, 9; 2, 18; Apostelg. 3, 19; 26. 20; 1. Cor. 2. 16; Röm. 12. 2; Hebr. 6, 1; Apokal. 2, 21 f.; 9. 20 f.; 16, 11): vgl. Luthardt, L. v. freien Willen 397 ff.; Weiss, bibl. Theol. 326 ff.; 331 ff.; 353 f. — Über die relative Hoheit des *νοῦς* vgl. Weiss, a. a. O. 248—253. 386; Pfleiderer. Paulinismus (1873) 62.

1) Den Anspruch des älteren Rationalismus, seine Vernunftlehren als Kern der Schriftlehren, anerkannt zu sehen (vgl. Weiss, bibl. Theol. 21. 24; Kahnis, innerer Gang des Protst. (II, 102. 106 ff.) weist u. A. Rothe (theol. Ethik III, 161 f.) nachdrücklichst zurück. „Das Sittengesetz darf nicht als natürliches bezeichnet werden; von Natur liegt wohl das unabweisliche Bedürfnis desselben in uns, aber nicht es selbst, auch nicht das Vermögen es aufzufinden. Es ist somit auch kein s. g. Vernunftgesetz. Im Zustande der Integrität der Vernunft würde es überhaupt nicht vorkommen, von der alterierten kann es schlechthin nicht entdeckt werden. Es kann vielmehr nur ein positives sein, d. h. ein dem Menschen mit seinen Anmutungen sich von aussen her mit einer ihm gebietenden Autorität gegenüberstellendes. Es ist nur als göttliches denkbar (unbeschadet übrigens seiner geschichtlichen Vermitelung); denn kein natürliches menschliches Individuum steht ausserhalb der Sünde und der durch sie angerichteten Verwirrung."

4

Kants Erklärung: „reine Vernunft ist für sich allein praktisch und giebt ein absolutes Gesetz" dürfte sich als eine Erschleichung herausstellen sowohl betreffs des Ursprunges, als des Wortlautes, als der Gültigkeit und Wirksamkeit des Gesetzes.

Unmittelbar aus der Vernunft leitet Kant sein „absolut gültiges" Gesetz ab. Und doch ist es mit der praktischen Vernunft nicht mehr res integra, nicht mehr eignet in concreto der Vernunft die ihr an sich ja zukommende Fähigkeit, allgemein Gültiges festzusetzen. Die intelligible That kommt ja auf Rechnung des Noumenon im Menschen und seiner Freiheit; und jene That wirft ihre starken Schatten in unser empirisches Dasein herein, nämlich die sittliche Imputation und den Hang zum Bösen. Es ist doch Willkür, wenn Kant gegenüber der von ihm bewiesenen Blindheit der theoretischen Vernunft eine Allmacht der praktischen Vernunft postuliert in sittlichen Fragen, trotzdem grade die praktische Vernunft in direktem Zusammenhange mit der Urthat steht. Ob die Vernunft, gemäss etwa der Platonischen ἀνάμνησις, trotz der Verdunkelung und Schwächung der sittlichen Menschennatur durch das radikale Böse, das absolute Gesetz noch zu finden und aufzustellen vermag: dies ist die Frage, welche Kant durch blosse Postulate, nicht durch Beweise für die thatsächliche Vernunftkraft beantwortet.

Die Formel, der Wortlaut ferner, worin uns Kants kategorischer Imperativ entgegentritt, ist sicherlich kein apriorisches Faktum der menschlichen Vernunft überhaupt; sie ist eine, keineswegs leicht verständliche und populäre, Abstraktion, zu welcher Kant auf dem Wege der Kritik [1]) (der früheren, meist materialen und oft empirischen, pathologischen Principien) und der Accommodation [2]) (an das christliche Kardinalgesetz der Heiligkeit und Liebe) gelangte. Diese seine individuelle Formel nun giebt er als unbedingte und einzig gültige, als empirische aus.

Gegen die Gültigkeit und die Kraft des von Kant aufgestellten „ausschliesslich formalen" Gesetzes sind von jeher [3]) die lautesten Proteste erhoben worden. „Kalt, stolz,

---

1) Krit. d. prakt. Vern. 61 ff. 229 ff. 40 ff.

2) Deuteron. 6, 4; Matth. 22, 38 ff.; Levit. 19, 2; Matth. 5, 8. 48; 1. Joh. 4, 9—21; Jacob. 3, 2. Es ist bezeichnend, dass Kant als Moralprincip des Christentums nur die Heiligkeit (nicht auch die material gefärbte, da aus Gott stammende und zu Gott führende Liebe) nennt; er kommt nicht über die alttestamentliche starre, strenge Formel des Gesetzes hinaus; und doch entlehnte er den sachlichen Kern seines kategorischen Imperatives — die Vernichtung jedes Egoismus — nicht aus dem Judentume, das die „Nächstenliebe" nur auf die Genossen des eigenen Volkes und Glaubens ausdehnte (Matth. 5, 46. 47; Luc. 10, 25—37; Galat. 3, 26; Joh. 4, 9).

3) Vgl. Zeller, über das Kantsche Moralprincip (1880); Schiller, über Anmut und Würde (Bd. 11, 350 ff.); Schleiermacher, Krit. aller Sittenl. 64 f. 74 f. 134 f. 137 ff.; Bander, Weltalter 250 ff.; Dorner, Gesch. d. Protest. 742 ff.; Martensen, Ethik I, 283. 473. 478. 481. 484. 501 f. Ebrard, Apolog. I, 218. 236. — Die Schillerschen Epigramme Bd. 1, 375. 392. enthalten keine Übertreibungen, wenn man die Kantsche Definition von Pflicht als „einer Nötigung zu einem ungern genommenen Zwecke" sich vergegenwärtigt (Krit. d. pr. V. 143 ff.), und festhält, dass der harte, finstere Pflichtbegriff unerfüllbar bleibt und nur endlosen Kampf, ohne des Kampfes Ende zu absehen zu lassen, in Aussicht stellt, da jede Gnadenhilfe und Gnadenverheissung ausgeschlossen bleibt. — Goethe lehnt die Strenge des Kantschen Moralgesetzes mit den, freilich mattherzig die Schwächen des Menschen entschuldigenden, Worten ab: „Ich habe vor dem kategorischen Imperativ allen Respekt; ich weiss, wie viel Gutes aus ihm hervorgehen kann; allein man muss es nicht nicht zu weit treiben, denn sonst führt diese Idee der ideellen Freiheit sicher zu nichts Gutem." Eckermann, Gespr. mit G. 1, 309. Die Forderung übersteigt die Kräfte dessen, dem sie gilt. — Energischer betont dies Baur, d. christl. Gnosis (1835) 667 f. „Die Kantsche Religion ist, ungeachtet aller Antipathie gegen

gefühllos" erschien diese abstrakte, das Wie des individuellen Handelns nur mysteriös andeutende Formel nicht nur denen, die sich zum lebensvollen, religiös abgeleiteten Materialprincipe der christlichen Liebe bekannten, sondern auch denen, die von der faktischen Konstitution des Menschen ausgehend, Kants feindseligen Gegensatz gegen Neigung und Sinnlichkeit als Spiritualismus verurteilten. Das „Freisein" des Kantschen Imperatives von jedem materialen Bestimmungsgrunde erschien allgemein als ein „Leersein", als Mangel und Fehler, sobald es sich um die Kraft und den Willen, das Gesetz zu erfüllen, handelte. — 1) Es ist nicht abzusehen, wie der rein formale Grundsatz sich in reale Gebote umsetzen lässt. Denn a) so lange jener nur ein abstraktes Verhältnis angiebt, so lange kann er nur als Kriterium für gegebene Fälle dienen, nicht aber als Quelle realer Gesetze, Tugenden und Pflichten. Mit dem Bewusstsein der höheren Menschennatur ist noch nicht die Kraft zum neuen Handeln, sondern nur der Massstab gegeben, der die Einzelmaxime darauf hin prüft, ob sie sich eigene, allgemeines Gesetz zu werden.[1] b) Auch die Kantschen Bestimmungen von einem Reiche der Zwecke und vom Menschen als Selbstzweck schlagen keine Brücke vom Formalen zum Realen, weil sie selbst lediglich formal keinen Verbindungsbegriff aufstellen, der eine reale Bezeichnung für die absolute Maxime enthalten müsste. c) Ferner ist der Sprung von der als notwendig angenommenen einmaligen Aufforderung des Ich, von dem eine völlige Revolution fordernden kategorischen Imperativ im Ich, zur Allgemeinheit nicht innerlich motiviert, da thatsächlich die Kant-Fichtesche Ethik bei der Pflicht des Individuums stehen bleibt und den Zusammenschluss der Individuen als zufällig und nebensächlich für das System behandelt. — 2) Das Fehlen eines realen Begriffes für den Inhalt des obersten Gesetzes lässt den sittlichen Trieb und das Gesetz nicht als absolut und frei thätig erscheinen. Denn a) ist das Gesetz sachlich wesentlich kritisch und komparativ, so muss die zu kritisierende Maxime ja schon vor dem Gesetze gegeben sein; das Gesetz kann also durch und aus sich allein nichts hervorbringen. So erhält es eine passive und relative Stellung, so lange nicht die unmittelbare Aufforderung zur Einzelthat von anderwärts an dasselbe herantritt (dies aber ist gegen die Spontaneität des Kantschen Gesetzes). b) Aus dieser passiven Stellung des Gesetzes nun folgt, dass die Unterlassung nicht schlechthin als widersittlich zu bezeichnen ist, da die sittliche Thätigkeit als abhängig von einer früheren, anders motivierten zu denken ist. So lange die dem allgemeinen Gesetze entsprechende Maxime noch nicht ins Bewusstsein trat, so lange darf eine ethische Beurteilung dieser thatsächlichen Pflichtversäumnis darum nicht stattfinden, weil das Nichterkennen kein absichtsvolles ist.[2] Dies Nichterkennen aber ist ein Beweis für die Schwäche der sittlichen Kraft des Gesetzes und für das Unzureichende seiner Bestimmungen.[3]

---

das Judentum, doch selbst nur eine Religion des Gesetzes, da sie, wie dies das Wesen des Gesetzes ist, den Widerspruch des Einzelnen mit dem moralischen Sollen nie aufheben kann, und so lange der Erlöser immer wieder in die unerreichbare Ferne eines Ideales entschwindet, auch das Göttliche und Menschliche nie wahrhaft Eins werden lässt."

1) Konkrete Erläuterung in Jesaias 6, 4 ff.; Exodus 3, 1 ff.; 4, 13 f.; 1. Joh. 4, 17 ff.

2) Vgl. Röm. 4, 15b. οὖ οὐκ ἔστι νόμος, οὐδὲ παράβασις;, d. h. es kann wohl thatsächliche ἁμαρτία (Verfehlen des Weges und des Zieles) aber nicht in der Form der absichtsvollen, mit Bewusstsein vollführten παράβασις da sein.

3) Im Nathan (IV, 7) führt Lessing die edele, fast übermenschlich edele That Nathans (Adoption eines Christenkindes an Stelle seiner eben erst von Christen gemordeten sieben Kinder) auf „die allmählich wiederkehrende Vernunft" zurück. Freilich: ob je solcher Sinn und solche That die lebensvolle Frucht sein kann aus der trockenen Wurzel der „trockenen Vernunft" (III. 5)? — Das an

4 *

Dieser Wahrnehmung hat sich auch Kant insofern nicht verschlossen, als er — freilich im Widerspruche mit der Ausschliesslichkeit und Selbstgenügsamkeit des von ihm aufgestellten Sittengesetzes — die abstrakte Vernunftforderung ergänzt durch die aus anderen Kräften (Gefühl und Gemüt, Phantasie und Liebe) abgeleitete Forderung der individuellen Glückseligkeit. Zwar erscheint letztere nur indirekt als egoistische, sofern zur eigenen Tugend und Vollkommenheit zunächst die Forderung fremder Glückseligkeit und für den nach strengem Vernunftgesetze Handelnden zunächst nur der Anspruch tritt, der Glückseligkeit „würdig" zu sein. Allein diese Wendung drängt zwar den Eudämonismus um einen Schritt zurück, vermag ihn aber nicht aus der Perspektive zu bannen. Jedenfalls wird durch Einführung der dem Sittengesetze heterogenen Glückseligkeitsforderung das strenge, einheitliche Princip dem Dualismus geopfert; und aus diesem erhellt, dass auch für Kant die strenge Durchführung des Gesetzesformalismus, die absolute Vermeidung jedes materialen Motives, sich als Unmöglichkeit erwies. Sein ethisches Gesetz und Princip erscheint demnach nicht wahrhaft frei und von sich aus bildend, sondern nur als ein kritisches, beschränkendes, formell herrschendes. Das wahrhaft freie und befreiende, lebendige und belebende Gesetz muss mehr sein als blosse imperativische Formel; im „vollkommenen, königlichen Gesetze der Freiheit" müssen Inhalt und Form (Liebe) principiell Eines sein. Die „Liebe" ist nicht nur der Inbegriff alles Gesetzes (Röm. 13, 10; 1. Cor. 13, 13; Joh. 15, 12—17), sondern auch der Wesensbegriff des summum bonum (Gottes: persönlich, der Tugend: sachlich; vgl. 1. Joh. 4, 9—16; Joh. 14, 6; 15, 6 ff.; 1. Pet. 2, 9. 21 ff., Gal. 2, 20.

Gegen dieses Kardinalgesetz des Christentums hat Kant sich deshalb verwahrt, weil es als Theonomie zugleich Heteronomie sei. Im Sinne Spinoza's [1]) dringt auch der Kantsche Rigorismus des Gesetzes und der Pflichterfüllung stolz darauf, dass der Mensch nicht verlangen solle, von Gott geliebt zu werden und dass ihm ipsa virtus beatitudo sein müsse; alle Liebe ist für Kant (wie für Spinoza) nur „pathologisch", „empirisch", fällt also ausserhalb der Kategorie des Sittlichen; und ebenso ist ihm nur das Handeln, die eigene Thätigkeit sittlich. Freilich beruht diese Abneigung Kants gegen das oberste Gesetz und Princip der christlichen Ethik auf einem Missverständnis desselben. — Dass diese „Liebe" (ἀγάπη ist höherer Begriff als die momentan sich bethätigende, rein menschliche φιλία, vgl. Joh. 21, 15—17) nichts Sinnliches, Pathologisches (ἔρως nirgends im neuen Testamente) enthält und enthalten soll, beweist schon die Thatsache, dass ἀγάπη die virtus absoluta, die virtus formata (forma gleich εἶδος im Aristotelischen Sinne) des Christentums ist, die Seele und der Kern aller christlichen Tugend (1. Cor. 13; Galat. 5, 6; Matth. 22, 37 ff.). Die Religion der Gnade und der Erlösung kennt freilich keine Tugend, die nur von dieser Welt und für diese Welt wäre, die im Sein und Können des Ich ihre ausschliessliche Begründung fände; [2]) sie knüpft den Menschen dieser Welt an den Gott

Kant erinnernde Vernunftgebot: „Übe, was du längst begriffen hast; was sicherlich zu üben schwerer nicht, als zu begreifen ist, wenn du nur willst", ist nicht oder doch sehr schwach motiviert (video meliora proboque, deteriora sequor; trahit invitum nova vis aliudque cupido, mens aliud suadet); Lessing selbst lässt unmittelbar darauf seinen Nathan in Demut „zu Gott rufen": „Ich will, willst du nur, dass ich will." Vgl. Augustin (opus imperf. I, 95): dominus operatur in nobis et velle.
1) Spinoza, Ethik V, Lehrs. 17. 19. 40. 42. (Ausg. v. Kirchmann S. 241 ff. 256 f.; dazu Erläuterungen 170 f. 182 f. — Nur scheinbar so Jacob. 1, 25.
2) Kahnis, Dogm. I. (1. Aufl.), 139 ff. Weiss, bibl. Theol. 214 f. 279 f. 356 f. 360. 384. 614 f. 654 f.

jener Welt. Darum sind auch Liebe und Glaube Wechselbegriffe;[1]) Johannes, der Apostel der Liebe, fordert im Thema seines Evangeliums (3, 16) den Glauben des Menschen als Antwort auf Gottes Liebe und Gnade (vgl. 20, 31), und Paulus, der Apostel des Glaubens, dichtete nicht nur den Hymnus der Liebe (1. Cor. 13), sondern preist sie auch als höchstes χάρισμα (1. Cor. 12, 31—13, 3) und als die göttliche Energie im Glauben (Galat. 5, 6). Glaube und Liebe sind beide: persönliche Hingabe auf Grund moralischer Überzeugung und moralischen Vertrauens. Das Gebot der Liebe hat seine Erfüllung, seine urbildliche und vorbildliche Realität in der viva lex,[2]) die in Christo erschien als Offenbarung (λόγος) des Gottes, der die Liebe ist; das Gesetz und diese Incarnation der Liebe will uns emporführen zu dem Urquell der heiligen, ewigen Liebe. Das Mysterium des Christentums und die oberste Forderung des christlichen Gesetzes besteht in der Kommunion, d. h. des Einzelnen mit Gott und seinen Brüdern (Eph. 5, 32; 1, 10; 2. Cor. 8, 9; 1. Cor. 10, 16; 15, 28; 1. Joh. 4, 9—21; Joh. 13, 34; 14, 6 ff.). Ist das Wesen und das Endziel des Christentums Gemeinschaft mit Gott und den Kindern Gottes auf Erden, so ist die Art und Weise, es zu erreichen, nach dem Gotte zu bestimmen, ἐξ οὗ und ἐν ᾧ und εἰς ὃν τὰ πάντα (Röm. 5, 5; 11, 36; 1. Cor. 15, 28), d. h. aus der Art der Liebe heraus; als Gegensatz zu allem Egoismus, der Wurzel und dem Wesen des Bösen, trägt sie die vollendete Heiligkeit als integrierendes Moment in sich.[3]) Diese Liebe ist recht eigentlich transcendental, da von oben kommend (Röm. 5, 5) und nach oben führend (1. Joh. 4); weil Gottes Abglanz im Menschen, ist sie ewig (1. Cor. 13, 8 ff.) und universal (Matth. 5, 44 ff.; 1. Petr. 1, 15; Eph. 4, 13. 15 f.). — Gegenüber dem Kantschen Argwohn, es wäre die christliche Theonomie und das Princip der Liebe als summa lex das Grab strenger Sittlichkeit, sei an die Platonischen Ausführungen (de re publ., 6. 7. Buch) erinnert, wonach das Gute nicht nur das in sich selbst Vollkommene, sondern auch das sich selbst Mitteilende ist;[4]) sein sinnliches Abbild habe es an der Sonne, welche die Dinge nicht nur sichtbar mache, sondern ihnen auch Leben und Gedeihen schenke; auch sei dass das Gute etwas Höheres als nur Dasein und Wesen, wohl aber teile es dies Alles uns mit.[5]) Und andrerseits ist des Menschen Liebe zu Gott nicht nur als sentimentaler, pathologischer Affekt zu fassen, sondern als die Sehnsucht des nach Gottes Bilde Geschaffenen und in der Unruhe der Welt wie im Unfrieden des eigenen Herzens vom Heimweh Ergriffenen, der aus den Zerrbildern und Bruchstücken (1. Cor. 13, 9—12; Röm. 8, 19 ff.) des irdischen Daseins heraus zurückstrebt zur Quelle und Fülle des wahren Lebens (Eph. 1, 10; Joh. 14, 6 f.; 1, 12 ff.). Den Wahn endlich, als ob Gottes Gnade und Liebe den Ernst des Gesetzes und der Gesetzeserfüllung schwächten, hat gerade das Christentum

---

1) Auch die vier heidnischen Kardinaltugenden behalten im Christentume noch neben 1. Cor. 13, 13 ihre Bedeutung; vgl. σωφροσύνη Röm. 12. 3; 1. Petr. 4, 7; Tit. 2, 6; 2. Cor. 5, 13; 1. Tim. 2, 9. 15; Apostelg. 26, 25; δικαιοσύνη 1. Tim. 6, 11; 2. Cor. 9, 9 f.; Eph. 3, 24; 5, 9; 6, 14; Hebr. 1, 9; 1. Joh. 2, 29; σοφία Apostelg. 6, 22; 1. Cor. 12, 8; Matth. 15, 54; Luc. 2, 40. 52; Apostelges. 6, 3; 7, 10; Eph. 1, 8; Col. 2, 3; 2. Petr. 3, 15; Apokal. 17, 9, ἀνδρεία klingt nur aus ἀνδρίζεσθε in 1. Cor. 16, 13 wieder.

2) Bei Lactantius (institut. 4, 11. 17. 23. 25) erscheint Christus als viva praesensque lex; vergl. Dorner, Christi Person I. 777 ff.

3) Köstlin (Studien und Kritiken 1879, S. 608) leitet „Seligkeit" nicht ab von saal = Fülle, sondern von sâl = gut, saelde = Gutsein, Gutgerathen, also saelee = besitzend was gut ist. — Vgl. Martensen, Ethik 1, 490: „Christi Heiligkeitslehre ist zugleich Seligkeitslehre"; vgl. auch Rothe, Eth. II, 194 f. III, 212.

4) Vgl. in Röm. 5, 7 die Subordination des δίκαιος unter den ἀγαθός; auch Matth. 19, 17. 20 f.

5) Vgl. Martensen, Ethik I. 32. 43. 63 f. 87. 253. 247. 306. 309. 483—5. 490 f. 498.

30

durch seinen Stifter und dessen grossen Heidenapostel auf das Nachdrücklichste bekämpft.[1]) Allerdings reifen die Früchte des Geistes (Galat. 5, 22 f.) nicht unter dem Gesetzesdienste (Galat. 5, 18; 3, 23 ff.); und wer Gotte leben will, muss zuvor dem ertötenden Buchstaben des Gesetzes sterben (Galat. 2, 19; Joh. 6, 63); aber auch dem Glauben und der Liebe eignet die sittliche Energie des freien, willigen Gehorsams, der das selbstische Ich untergehen und je länger desto mehr übergehen lässt in Gott (Röm. 6, 4 ff.; Eph. 4, 22 ff.; Col. 2, 12; 3, 9 f.; 1. Cor. 3, 16 f.).[2]) Statt Lust und Lohn seinen irdisch hoffenden Bekennern in Aussicht zu stellen, fordert Christus das unbedingte Selbstopfer gegenüber dem welterhabenen Willen des Vaters (Luc. 24, 25; Apostelgesch. 1, 7 f.; Matth. 20, 20 ff.; 10, 38; 16, 24; 19, 27—30; Röm. 4, 4 f.; 9, 16). — Nicht gegenüber dem christlichen Gesetze, sondern nur gegenüber den Moralprincipien, welche das antike Heidentum und der moderne Sensualismus bezüglich Natura-lismus aufgestellt hatte, bezeichnet Kants Gesetzesformel einen sittlich erhabeneren Standpunkt.[3])

Gelegentlich urteilt Kant gerechter und milder über das christliche Moralprincip und sucht es sogar mit dem seinen nahezu zu identificieren:[4]) „es sei doch nicht rein theologisch (mithin Heteronomie), sondern auch Autonomie der reinen, praktischen Vernunft für sich selbst, weil sie die Erkenntnis Gottes und seines Willens nicht zum Grunde dieser Gesetze, sondern nur der Gelangung zum höchsten Gute unter der Bedingung der Befolgung derselben macht, und selbst die eigentliche Triebfeder zur Befolgung der ersteren nicht in den gewünschten Folgen derselben, sondern in der Vorstellung der Pflicht allein setzt, als in deren treuer Beobachtung die Würdigkeit des Erwerbs der letzteren allein besteht." — Dieses Zugeständnis Kants ist nur insoweit zu acceptieren, als allerdings die christliche Theonomie keine Heteronomie, sondern insofern auch Autonomie ist, als das Christentum die Immanenz Gottes ausdrücklich anerkennt (Apostelgesch. 17, 28; Röm. 2, 14 f.) und von dem Einzelnen fordert, dass er sich selbst bestimme „zu dem Bestimmtwerden durch die Erkenntnis des ewig-persönlichen, heilig-liebenden Gottes."[5]) Aber gegen Kant ist festzuhalten, dass nicht im Willen und in der Erkenntnis des Einzelnen jenes Gesetzes Ursprung liegt, da es sich ja gegen Willen und Erkenntnis kehrt: sondern dass es mit dem Wesen und im Wesen des Menschen schon gegeben, anerschaffen worden ist; der Menschenbegriff erschöpft sich erst in der Bestimmung ὁ τοῦ θεοῦ ἄνθρωπος, πρὸς πᾶν ἔργον ἀγαθὸν ἐξηρτισμένος (2. Tim. 3, 17; 1. Tim. 6, 11; Gen. 1, 26 ff.; 2, 7). Ferner lehnt die Schrift nicht absolut die „Erkenntnis" Gottes als ethischen Bestimmungsgrund ab (vgl. zu 1. Cor. 13, 10—12; 1. Tim. 6, 16 auch Joh. 17, 3; 1, 18; 14, 6 f.; 1. Joh. 4, 16—20): Pascal deutete die Schrift richtig, wenn er die Liebe

---

1) Vgl. Matth. 5, 17 ff.; Luc. 17, 10; 18, 25—27; Röm. 6, 1 ff.; Galat. 2, 16—21; Col. 1, 22 f.; 1. Pet. 1, 19—21.

2) Ritschl, Rechtf. und Versöhn. III, 292. 448. 452 f. 462. Sofern „die Genossen der Gemeinde Christi in dem Glauben an Gott als ihren Vater folgerecht auch den Entschluss des Gehorsams gegen den Herrn des Gottesreichs fassen", und „sofern in dem durchaus gemeinnützigen Handeln auf den Endzweck des Reiches Gottes die Formen des Egoismus ungültig sind, die in dem Streben nach Lust und Lohn dahin wirken könnten, das Guthandeln in die Stellung eines Mittels zu einem fremden Zwecke zu drängen": treffen die Merkmale der Heteronomie nicht das christliche Sittengesetz.

3) Vgl. Harms, Philos. seit Kant 238; Martensen, Ethik I, 415 ff. 460. 483. 457. 83. 86. 182.

4) Krit. d. pr. V. 230 ff.

5) Ebrard, Apolog. I, 21—23. 212 ff. 217—220.

als den Weg zur Erkenntnis Gottes bezeichnete; [1] Kant freilich nimmt Erkenntnis immer nur im theoretischen, logischen Sinne. Endlich ist zwischen dem Kantschen „Gelangen zum höchsten Gute" und dem christlichen „Gelangen zur persönlichen Gemeinschaft mit Gott selbst" der bedeutsame Unterschied, dass letzteres ohne die von Kant perhorrescierten Momente der Gnade und des Glaubens als unmöglich erscheint (Hebr. 11, 6; Ephes. 2, 9 f.). „Das christliche Sittengesetz ist bei all seinem Dringen auf Heiligkeit (Matth. 5, 17 ff.) ohne Vergleich gelinder, als das Sittengesetz Kants, das für uns schlechthin zu hoch und zu schwer ist." [2] Jenes berücksichtigt die relative Beschränktheit des individuellen wie des allgemeinen Standes der Sittlichkeit; es fordert nicht bloss, es kräftigt und erhebt vorerst (Joh. 15, 6 ff.; 13, 15. 17; Röm. 5, 5); es führt nicht an eine endlose Reihe einzelner Aufgaben, sondern zeigt über der Gegenwart und dem momentanen Kampfe in der Pflichterfüllung eine Zukunft der sittlichen Kontinuität und Vollendung auf Grund der Gemeinschaft mit Gott und der Verklärung der menschlichen Persönlichkeit (εἶναι ἐν θεῷ).

Übrigens bequemt sich Kant zu jener Anerkennung der christlichen Theonomie doch nur in einem Zusammenhange, der ihm selbst den Vorwurf zugezogen hat, dass er auf die strenge Autonomie verzichtend selbst der Heteronomie sich schuldig gemacht habe. Obwohl nämlich Kant behauptete, Gesetz und Freiheit (dieser Grund des Sittengesetzes und seine ratio essendi), bedürften nicht der Idee Gottes, um selbst Geltung zu erhalten: so kommt er doch schliesslich [3] zu dem Bekenntnis, „die Idee Gottes anzunehmen sei praktisch notwendig, um die Glückseligkeit mit der Sittlichkeit verknüpfen zu können." Der Rückfall in den Eudämonismus liegt hier klar zu Tage [4]; auch Kant beruhigt sich nicht bei der Tugendübung inmitten der irdischen Konflikte und Misserfolge, auch er fordert einen (einstigen) Ausgleich zwischen Tugend und Glück; die vornehme „Selbstzufriedenheit" und „Würdigkeit" schlägt schliesslich doch auch bei ihm um in den Anspruch auf Anerkennung und Lohn. Während so der stolze Gedanke beatitudo ipsa virtus zurückgenommen wird, bleibt das ähnlich lautende, doch religiös motivierte Wort des Jakobus (1, 25. 31): ὁ ποιητὴς ἔργου, ὁ παρακύψας εἰς νόμον τέλειον τὸν τῆς ἐλευθερίας καὶ παραμείνας, οὗτος μακάριος ἐν τῇ ποιήσει αὐτοῦ ἔσται in Kraft; in vita sua beatus est, ita ut ipsa actio sit beatitudo, jedoch steht voran (V. 21) das δέξασθαι τὸν ἔμφυτον λόγον τὸν δυνάμενον σῶσαι τὰς ψυχάς; und dieser λόγος ist das hervorragendste der δωρήματα τέλεια ἄνωθεν καταβαίνοντα (V. 17 f.). [5] — Aber nicht nur und nicht erst die befremdende Verbindung der Glückseligkeit mit der Tugend drängt Kant zur faktischen Heteronomie, sie droht schon vor der Aufstellung des Begriffes des bonum supremum, das als „oberstes Gut" einen Bestandteil nur bilde des bonum consummatum, „des höchsten

---

1) γνῶσις, besonders ἐπίγνωσις steht in nahem, ethischem Zusammenhange mit ἀγάπη (Röm. 1, 28; Phil. 1, 9; Col. 3, 10; 1, 9 f.; 2, 2; 2. Petr. 1, 2. 3. 8; Matth. 11, 27; 1. Cor. 13, 12).

2) Rothe, theol. Ethik III, 361 f. 371 ff.

3) Krit. d. pr. V. 224 ff.; vgl. Krit. d. Urteilskraft § 91, S. 359 ff.

4) Vgl. oben S. 28. — Ritschl, Rechtf. u. Versöhn. III, 188. 445. 449. 454; Martensen, Eth. I, 192 f. 195 f. 200; Ebrard, Apol. I, 217; Ulrici, Herzogs Encykl. 343 ff. „Das Sittengesetz bleibt bestehen, auch wenn der Tugend weder im diesseitigen noch im jenseitigen Leben die Glückseligkeit entspräche, und mithin kann die praktische Vernunft nur fordern, dass das Sittengesetz befolgt werde ohne alle Rücksicht auf Glückseligkeit; nach Kants Principien ist ihre Einführung in die philosophische Ethik eine völlig willkürliche." — Rousseau: „die strengste Moral kostet nichts auf dem Papiere."

5) Vgl. Huther zu Jac. 1, 2. 5; auch Weiss, bibl. Theol. 176. 178.

32

Gutes."[1]) Schon da droht sie, wo auf Grund des schroffen Dualismus zwischen Noumenon und Phänomenon jenes als Gesetze gebend, dieses als Gesetze empfangend erscheint. Denn: das infolge der intelligibeln That doch sittlich nicht mehr intakte Noumenon kann unmöglich das absolute Gesetz gesucht und ebensowenig aufgefunden haben; ersteres nicht wegen seines ethischen Zustandes, dieses nicht, weil die ethische Depravation immer die intellektuelle nach sich zieht, da wo es sich um ethische Fragen handelt. Die Kantsche, der Erfahrung (gemäss Röm. 7, 14 ff.) entnommene Prämisse, dass die Pflichterfüllung doch immer „ungern" geschieht und dass wir dem Gesetze widerstreben, das wir — angeblich — uns selbst gegeben haben, führt nicht sowohl auf die abstrakte, theoretisch und empirisch nicht haltbare Scheidung zwischen Noumenon und Phänomenon, als auf die Annahme, dass uns von aussen und von oben der thatsächlich vorhandene νόμος πνευματικὸς gegeben sei. Wären wir autonom, so müsste von uns gelten: dem Reinen und Gerechten ist kein Gesetz gegeben, d. h. es dürfte nimmer in uns das freie Wollen differieren von dem Sollen und der erkannten Pflicht.

Kants Schwanken zwischen dem Principe vollster Autonomie und der faktischen Einführung eines durchaus heteronomen Motives (Glückseligkeit) hat dem Gottesbegriffe in Kants Systeme eine sehr unsichere, schwankende Stellung zugewiesen. — Volle Autonomie des Menschen fordert dessen Apotheose, also auch die Streichung des Gottesbegriffes als eines im Systeme irgendwie wesentlichen und constitutiven. [2]) Denn, hat Gott das Sittengesetz nicht gegeben, so kann er es auch nicht überwachen und seine Übertretung strafen; dann aber hat Gott für den Menschen keine sittliche, das ist überhaupt keine Bedeutung mehr.[3]) Unleugbar hat Kant mit dieser Folgerung in der „Krit. d. pr. V." Ernst gemacht; Gott bringt es da nicht zum Wesen und Sein; als regulative Idee nur und als Hypothese steht er am fernen Horizonte; zur Erklärung der sittlichen Welt ist er nicht nötig, denn Gesetz und Freiheit sind da ohne ihn, sie sind nicht seine, sondern der Vernunft Offenbarungen und Attribute. In den verschiedensten Tonarten hat die Kritik auf diese dem Pantheismus (z. B. Fichtes) direkt vorarbeitenden Anschauungen Kants hingewiesen. Friedrich Stolberg nannte ihretwegen Kant einen geschickten Diener des Atheismus, in dem der unruhige stürmische Geist des Protestantismus, der mehr zum Zerstören, als zum Bauen geneigt sei, zur vollen Ausgestaltung gelangt sei. [4]) Ulrici sieht „in der Autonomie der menschlichen Freiheit und Vernunft das irreligiöse Element, das seine Philosophie im Geheimen durchzieht." [5]) Martensen tadelt an der Kantschen Vernunftgesetzgebung, dass sie trotz ihrer Anknüpfung an den Gedanken Gottes doch nur „einem Briefe vergleichbar sei, der zwar den göttlichen Willen im Siegel führe, wenn

---

1) Krit. d. pr. V. 194 ff. Das „höchste Gut" (bon. cons.) ist nach Kant die Synthesis von Tugend und Glückseligkeit, das „oberste Gut" (bon. supr.) ist die Tugend, die Konformität des Wollens und Thuns mit dem kategorischen Imperative.

2) Ein wesentlicher Unterschied der Spinozistischen und Kantschen Ethik, zugleich ein Beweis für die energische Konsequenz der ersteren liegt u. A. darin, dass Spinoza bei Ausführung seiner Ethik auf persönliche Unsterblichkeit und auf Gleich zwischen Tugend und Glück durch einen überweltlichen Gott ausdrücklichst verzichtet; vgl. Spinoza, Ethik V, 14—42 §§.

3) Ganz anders im Christentume: hier schliesst die Immanenz Gottes (ἐν αὐτῷ ἐσμεν) keineswegs die Transscendenz aus; auch das Sittengesetz im Menschen ist nur eine Offenbarung des Gottes, ἐξ οὗ καὶ δι' οὗ καὶ εἰς ὃν τὰ πάντα (Röm. 11, 36; 1. Cor. 15, 28).

4) Vgl. in Gelzer, deutsche National-Litteratur I, 256 f.

5) Herzog, Encykl. VII, 342; vgl. 343—8. 352 ff.

er aber geöffnet werde, nicht das Mindeste besage von irgend einem persönlichen Verhältnisse zwischen dem Briefsteller (Gott) und uns." [1]) Ritschl bestreitet Kant, dass die Geltung des Gottesbegriffes einzuschränken sei auf den pflichtmässigen Gebrauch der praktischen Vernunft und dass die Idee Gottes nur eine Überzeugung des praktischen Glaubens sei; die Kantsche Artbestimmung unseres Geisteslebens setze mit Unrecht die praktische Vernunft als eine Art der theoretischen als einer anderen Art entgegen, da doch die Erkenntnis der Gesetze unsres Handelns zugleich auch theoretisches Erkennen sei, nämlich die Erkenntnis der Gesetze des geistigen Lebens; das theoretische Erkennen habe einen Antrieb und so die Möglichkeit in sich selbst, das Zusammensein von Natur und Geistesleben zu begreifen; die Gottesidee sei auch als wissenschaftlich gültige Wahrheit anzunehmen. [2]) Vielfach ist endlich die durchaus berechtigte Anklage erhoben worden, dass Kant Wesen und Inhalt der Religion verflüchtige in allgemeine moralische Begriffe und dass er darauf ausgehe die Religion aufzulösen in Philosophie. [3]) — Die schärfste Kritik hat jedenfalls der „alternde" (?) Kant an sich selbst vollzogen, und zwar dadurch, dass er inkonsequenter Weise von einer absolut selbständigen Moral ausging und doch mit religiösen Postulaten (Gott, Unsterblichkeit, Ausgleich zwischen Tugend und Glück) abschloss, weil es auch ihm auf die Dauer nicht genügte, wohl eine gesetzgebende Autorität in sich zu wissen, aber dabei auf diejenige Autorität zu verzichten, welche allein den Gesetzen unbedingten Erfolg sichert. Freilich, „weil er durch die angebliche Autonomie der Vernunft sich den geraden Weg versperrt hatte, vom Begriffe des Sittengesetzes zur Idee Gottes zu kommen, so musste er einen krummen Seitenweg einschlagen, um zum Ziele zu kommen", [4]) d. h. nur durch das eudämonistische Moment der Glückseligkeit, das die Strenge und Folgerichtigkeit seines Systems logisch wie ethisch aufhob, gelang es ihm überhaupt noch, seinen Gottesbegriff zu motivieren. Durch solche Inkonsequenz rächte sich auch bei Kant der Versuch, das Ich zu emanzipieren und mit dem Absoluten auf gleiche Stufe zu erheben; der Versuch, die Sittlichkeit von der (sie im letzten Grunde bestimmenden und mit Inhalt füllenden) Religion zu lösen; der Versuch, die Freiheit des Menschen allein zu betonen und die Abhängigkeit von Gott zu ignorieren.

Einen geraden Weg zur Gottesidee hätte Kant wohl von seiner Erklärung: „in der allergenugsamsten Intelligenz wird die Willkür als keiner Maxime fähig, die nicht zugleich objektives Gesetz sein könnte, mit Recht vorgestellt" aus einschlagen können. Denn es scheint, als ob die von Kant geforderte Identität der Maxime und des Gesetzes in materialer Hinsicht, wie sie beim vollendet Tugendhaften sich finden soll, die Gottesidee unbedingt fordere als Urbild und Vorbild menschlicher Vollkommenheit. — Allein bei der Definition seines Persönlichkeitsbegriffes lehnt Kant wiederholt jede Beziehung des Ich zur Gottesidee ab, welche die letztere zum Bestimmungsgrunde oder Zielpunkte des Ich machen könnte. Der Mensch ist jederzeit „Zweck an sich selbst", niemals „Mittel, selbst nicht von Gott." [5]) Diese selbstische Unmittelbarkeit und Unbedingtheit des Ich und seines Gesetzes schloss für Kant die Accommodation an den christlichen Persönlichkeitsbegriff aus, der die Gottesverwandtschaft und

---

1) Christl. Ethik I, 480 f. 283. 473. 478. 446. 484. 501 f.

2) Rechtfert. u. Versöhn. III, 187—192.

3) Z. B. Kahnis, Innerer Gang des Protest. II, 46; Ebrard. Apol. I, 229. 236.

4) Martensen, Ethik I. 21 f. 28. 450 f. 483; Ulrici, Herzogs Encyklop. VII. 343.

5) Krit. d. pr. V. 57 f. 155. 236 f.; Rel. i. d. Grz. d. V. 18.

Gottesgemeinschaft, somit Geistigkeit (formell), Heiligkeit und Liebe (materiell) als Wesens-
momente in sich trägt; [1]) vgl. Joh. 3, 5. 8; 4, 24; Levit. 19, 2; 1. Joh. 4, 16; Matth. 5, 7 ff. 48;
2. Petr. 1, 4; Röm. 5, 5; 11, 36; 1. Joh. 1, 3. 6; 2, 24. 27 f.; 3, 6. 9 f. 19. 24; Apost. 17, 28.

4) Die Autarkie der praktischen Vernunft.

Nach Kant muss das Ideal der Gott wohlgefälligen Menschheit (d. h. einer moralischen Vollkommenheit, wie sie an einem von Bedürfnissen und Neigungen abhängigen Weltwesen möglich
ist) unter der Idee eines Menschen vorgestellt werden, der durch Leben und Lehre, durch Thun
und Leiden alle Menschenpflicht selbst auszuüben bereit ist und somit im moralischen Sinne der
Sohn Gottes, das Urbild aller menschlichen, durch praktischen Glauben an ihn zu erreichenden
Vollkommenheit heissen darf. Jeder nun, der sich einer solchen moralischen Gesinnung bewusst
sei, dass er glauben und auf sich gegründetes Vertrauen setzen dürfe, er würde unter ähnlichen
Versuchungen und Leiden, wie sie zum Probiersteine jener Idee gemacht werden, dem Urbilde der
Menschheit unwandelbar anhängig bleiben: sei befugt, sich des göttlichen Wohlgefallens versichert,
sich selbst für einen Sohn Gottes zu halten. „Diese Idee hat ihre Realität in praktischer Beziehung vollständig in sich selbst. Denn sie liegt in unserer moralisch gesetzgebenden Vernunft.
Wir sollen ihr gemäss sein, und wir müssen es daher auch können." „Die Pflicht gebietet, der Mensch solle dem Vorsatze treu bleiben, und hieraus schliesst er mit Recht, er
müsse es auch können, und seine Willkür sei frei." [2])

In dem Satze, dass dem Sollen das Können notwendig entspreche, liegt Kants Haupt-
beweis für die Autarkie der praktischen Vernunft. Sie ist ihm eben so gewiss, wie das moralische Gesetz. Durch äussere Argumente nicht fassbar, sei sie innerlich garantiert wie jenes
Gesetz, dessen logische Konsequenz die Vernunftautarkie sei.

Kants Einzelausführungen sind folgende.

Die Heiligkeit des Willens, wie sie in der allergenugsamsten Intelligenz vorgestellt
wird als Identität von subjektiver Maxime und objektivem Gesetz, ist eine praktische Idee,
die uns notwendig zum Urbilde dienen muss, dem sich ins Unendliche zu nähern das Einzige
ist, was allen endlichen, vernünftigen Wesen zusteht. Diese Idee wird durch das Sittengesetz uns
beständig vor Augen gehalten. Das moralische Gesetz ist heilig (unverletzlich); der Mensch
zwar ist unheilig genug, aber die Menschheit in seiner Person (das Noumenon) muss

---

1) Das kühne Wort von der felix culpa hat seine Begründung in dieser Fassung der in Gott
begründeten und von Gott gehaltenen, trotz Schuld und Irrtum unverlierbaren und unzerstörbaren
(wenn auch der Schwächung ausgesetzten) Persönlichkeit. — Vgl. Luther: über den aus dem Menschen Sündhaftigkeit abgeleiteten Wert des Menschen für Gott, bei Dorner, Person Christi II, 510—535. Das Schuld-
gefühl ist die negative Sicherstellung des Wertes der menschlichen Persönlichkeit. Die Schuld hat eine
unendliche Bedeutung für Gott selbst, für seine Gerechtigkeit, denn sie macht Sühne notwendig. Im Schuld-
gefühl ergreift sich der Mensch zum ersten Male als Persönlichkeit, zwar als eine unwürdige, aber für Gott
selbst und seine Gerechtigkeit nicht gleichgültige; im Verlangen nach Sühne ist der erste rein ethische Zug
eine ideale Huldigung vor dem Rechte der göttlichen Gerechtigkeit (a. a. O. 514. 518 ff.). — Die Überzeugung
von der (als Natur) angeborenen, auch durch Depravation der Persönlichkeit nie ganz zu ertötenden und
zu verwüstenden Macht des Göttlichen im Menschen hat ihren paradoxesten (und doch nicht schlechthin un-
evangelischen) Ausdruck in dem Satze gefunden: auch Satan sei erlösbar, da in keinem Geschöpfe Gottes
die Spuren der göttlichen Natur je ganz vernichtet werden könnten. (Vgl. z. B. Gregor von Nyssa bei
Kahnis, Kirchenglaube (Dogm. II) 241.)

2) Rel. i. d. Grz. d. V. 50. 58. 75 ff.

ihm heilig sein; denn nur der Mensch ist Zweck an sich selbst, sofern er das Subjekt des moralischen, heiligen Gesetzes ist vermöge der Autonomie seiner Freiheit. In des Menschen Persönlichkeit, d. h. in der Empfänglichkeit der Achtung für das moralische Gesetz als für sich hinreichender Triebfeder der Willkür liegt des Menschen sittliche Hoheit und Würde als unverlierbares, unzerstörbares Eigentum von Natur aus. [1]) Was der Mensch ist oder werden soll im moralischen Sinne, dazu muss er sich selbst gemacht haben oder machen laut seiner persönlichen Anlage; sonst könnte es ihm nicht zugerechnet werden, er würde weder gut noch böse heissen. — Zu dem erfahrungsmässigen Problem des radikalen Bösen gesellt sich die trotz des Abfalls in ungeschwächter Kraft verbliebene Forderung: wir sollen bessere Menschen werden. Folglich müssen wir es auch können, sollte auch das, was wir thun können, für sich allein unzureichend sein und wir uns dadurch nur eines für uns unerforschlichen höheren Beistandes empfänglich [2]) machen. Freilich: letzterer ist nicht, weder zum theoretischen noch zum praktischen Gebrauche, in unsere Maxime aufzunehmen, sondern nur als etwas Übernatürliches, Unbegreifliches an sich einzuräumen als blosse Möglichkeit. Falls diese übernatürliche Mitwirkung als positiver Beistand gedacht wird, so hat der Mensch zuvor sich würdig zu machen, ihn zu empfangen und anzunehmen, „welches das (als moralische That) nichts Geringes ist." [3]) — Die Frage, wie der im Grunde seiner Maxime verderbte Mensch durch eigene Kräfte eine völlige, plötzliche Revolution der Gesinnung und des Charakters (nicht etwa eine allmähliche Reform der Handlungen bei unlauterer Grundlage der Maximen) hervorbringen könne: löse sich so, dass die Revolution für die Denkungsart, die allmähliche Reform aber für die Sinnesart (des empirischen Menschen) notwendig, somit aber auch möglich sei. Durch Umkehrung des obersten Grundes seiner vormals bösen Maximen werde der Mensch — vermittelst der reinen, unwandelbaren Entschliessung — im Principe ein fürs Gute empfängliches Subjekt, obschon nur in kontinuierlichem Wirken und Werden ein guter Mensch. — Diese principielle Umkehr des obersten Bestimmungsgrundes der Maximen sei für den, der den intelligibeln Grund der Herzen durchschaut, genügend zur Beurteilung des Menschen als eines guten, Gott wohlgefälligen; für die Menschen selbst aber, die sich und die Stärke ihrer Maximen nur nach der Oberhand, welche sie in der Zeit über die Sinnlichkeit gewinnen, schätzen könnten, sei sie nur als hoffnungsvolles, stetes Streben zum Besseren anzusehen.

Zu dem Hauptargumente von der dem Sollen entsprechenden Kraft fügt Kant noch folgende Momente als sekundäre.

1) Erst durch das Gesetz werde die Freiheit erkannt; das Gesetz sei die ratio cognoscendi für die Freiheit. Nun sei aber den Mut auffordern schon zur Hälfte so viel als ihn einflössen. Dagegen wirke die faule, sich selbst misstrauende, auf äussere Hilfe harrende, kleinmütige Denkungsart in Moral und Religion abspannend auf alle Kräfte des Menschen; ja sie mache ihn dieser Hilfe unwürdig. [4]) — 2) Die Anlage zum Guten werde dadurch, dass man das Beispiel von guten Menschen anführe, (erfahrungsmässig trage aber jeder das Urbild aller menschlichen Vollkommenheit in sich) wesentlich kultiviert. [5]) — 3) Bei allmählichem Fort-

1) Krit. d. pr. V. 57 f. 72. 79. 149. 155 f. 283; Rel. inn. d. Grz. 18. 57.
2) Krit. d. pr. V. 234. 210 ff. 156 f.; Rel. i. d. Grz. 42 f. 48 ff. 266 f.; vgl. Fichte. Krit. aller Offenbarung (2. Aufl. 1793) 106 ff. 133 ff.
3) Rel. innh. d. Grz. V. 51 ff.
4) Krit. d. pr. V. 5. 72. 79. 282 f.; Rel. i. d. Grz. 68. 87. 93.
5) Krit. d. pr. V. 285; Rel. i. d. Grz. 56. 68. 78 ff. 112 f.

schritte gegenüber dem Hange zum Bösen erhalte die ächte Triebfeder der Maxime eine ge-steigerte Kraft, indem die Selbstzufriedenheit eintrete, ein ethisches Analogon des Glückseligkeitsgenusses, das im Bewusstsein der Tugend bestehe.[1] — 4) Schliesslich gehe die blosse Achtung vor dem, infolge der Neigungen des Erscheinungsmenschen nur mit Wider-streben und ungern erfüllten, Gesetze über in moralisches Interesse, in grenzenlose Hoch-schätzung, ja in Ehrfurcht und Begeisterung für dasselbe.[2]

Durch den Begriff und die Motivierung der Vernunftautarkie löst Kant die Moral vollständig von dem religiösen Grunde und Ziele (Gott) ab; der Mensch steht im Sollen und Können allein auf sich; jeder Gnadenbeistand wird als unsittlich, magisch verworfen.[3] Gleichwohl sieht sich Kant genötigt, bei der Anrechnung der durch den Menschen (als Nou-menon) angeblich bewirkten „principiellen Revolution der Gesinnung" von Gnade zu reden. Als richterliche Instanz braucht er schliesslich dieselbe Gnade, die er als sich be-thätigende (innerhalb der sittlichen Entwickelung) schlechthin abwies; hier soll sie magisch sein, und doch erscheint sie dort als deus ex machina. — Kant verkennt vollständig Pauli „Evangelium der Gnade" (Röm. 1, 16 f.), das als δύναμις θεοῦ (von Gott stammend und zu Gott führend) die vor Gott geltende (nicht durchs Gesetz des Buchstabens, sondern der Liebe vermittelte) Gerechtigkeit wirkt, falls es im Glauben (persönliche Kommunion mit Gott und Christus) aufgenommen wird (Galat. 2, 20; 5, 6; 1. Joh. 4, 8 ff.). Dynamisch, nicht mecha-nisch wirkt die christliche χάρις und nur auf Grund des sittlichen sich Einlebens in Gott (πιστεύειν εἰς, πρός. ἐπί c. acc., ἐν, ἐπί, πρός cum dat.) vollzieht sie sich. — Das Ver-kennen der Gnade aber nach Seiten ihrer Notwendigkeit und ihres ethischen Charakters ist (auch bei Kant) die Folge davon, dass die Sünde in ihrer Schwere und Universalität verkannt ward. Kant springt von dem scheinbaren Pessimismus, den seine Prämissen von der intelligiblen That und dem die Maximen in innersten Grunde verderbenden Bösen enthalten, über in einen thatsächlichen Optimismus, den er durch die Annahme der unverlorenen, absoluten Freiheit im Men-schen stützt: sie kann, was sie soll; der kategorische Imperativ ist der Garant für die ungebrochene sittliche Kraft. Die materialen Schwierigkeiten umgeht Kant, indem er Gesetz und Freiheit nur formal bestimmt.

„Wir sollen, folglich müssen wir können"; in der Prämisse betont Kant nicht nur das „Sollen", sondern ebenso sehr das „Wir", die Adresse, an die sich der kategorische Imperativ einzig und allein wendet; das stete Festhalten am „Wir" ist für Kants subjektivistischen Idea-lismus gleichbedeutend mit Wahrung des sittlichen Prozesses. — Es reicht daher nicht aus, den logisch-formalen Fehler nachzuweisen, den Kants Schluss (vom Sollen auf das sofortige Können) enthält. Es ist auch die moralische, die sachliche Unmöglichkeit des Schlusses aus dem „Wir" nachzuweisen, das in seiner sittlichen Schwächung und ohne die Amphibolie des Kantschen Dualismus (Ich: bald Noumenon, bald Phänomenon in abstrakter Koordination und Geschiedenheit) zu betrachten sein wird.

---

1) Krit. d. pr. V. 142 f. 210 ff. 284 ff.

2) Krit. d. pr. V. 130 f. 139 ff. 149 ff. 154 ff.

3) Damit geht Kant weit über die Folgerungen hinaus, die einst Pelagius aus der Freiheit des Menschen auf das Wesen und die Wirkungen der Gnade gezogen hatte. Nach Pelagius besteht die Gnade nicht nur in der Naturanlage zum Guten, sondern — für die Christen — auch in der Offenbarung von

Was zunächst den formalen, logischen Fehler [1]) anlangt: so folgt aus dem absoluten Sollen noch nicht das sofortige Können aus eigener Kraft, sondern nur die Möglichkeit, dass irgendwie das Sittliche realisiert werde. — Denn dem Sollen entspricht in abstracto entweder das Können, oder das Nichtkönnen, oder das noch nicht Können (relatives Können und Nichtkönnen). — Dieser bereits von Storr erhobene allgemeine (und in solcher logischer Allgemeinheit auch richtige) Einwand trifft freilich nicht den Kern des besonderen Kantschen Argumentes, das seine moralische Kraft aus dem „Du", dem vom Sittengesetze in Anspruch genommenen sittlichen Subjekte, zieht. Der logische Einwand ist durch den sachlichen zu stützen, dass Kant, der in der Sphäre der theoretischen Vernunft die vielen bekannten Antinomien [2]) aufstellte, nicht auch die praktische (und faktische, erfahrungsmässige) Antinomie ausgeführt hat: „Du sollst" (gemäss dem Gesetze), „aber du kannst nicht" (gemäss deinem Charakter).

Kants Ich ist ein abstrakt dualistisches [3]). So richtig Kant vielfach seine beiden getrennten Seiten schildert, so wenig vermag er ihr gegenseitiges Verhältnis und ihre konkrete Einheit darzustellen. Soweit es sich um den Gegensatz des doppelten Ich, der „zwei Seelen in unserer Brust" handelt, stimmt Kant mit Pauli Worten Röm. 7, 14—23 überein; und doch zieht er nicht Pauli Konsequenzen, weil ihm (V. 24 f.) das Ich als Einheit der ringenden Momente, als moralisch zurechnungsfähige und haftbare Totalität des faktischen Menschen fremd bleibt. Jener Antinomie entzieht sich Kant, indem er aus dem: „Du sollst" nur die Forderung heraushört und ihr genügen lässt nur durch des Menschen Noumenon; während er die Anklage des Gesetzes (debes, d. i. auch: Du bist schuldig im negativen Sinne) ignoriert, welche sich gegen das ganze Ich, gegen die ganze Persönlichkeit in ihrem thatsächlichen sittlichen Zustande kehrt. Trotz der idealen Persönlichkeitsanlage ist die Person des Menschen, als einheitliches Ganzes, geknechtet; und Kant begeht den Fehler, dass er das absolute Sittengesetz doch auf das nur relativ normale sittliche Subjekt überträgt und zwar als Massstab für das sittliche Können des letzteren. [4]) Sein Postulat „einer plötzlichen Revolution der obersten Maxime" steht ausser jedem Zusammenhange mit dem doch noch unbeseitigten radikalen Bösen. Mochte ein derartiger Sprung auch im Systeme, in thesi leichthin sich wagen lassen; in praxi, im konkreten Leben, wo die sittlichen Faktoren sich kompensieren und bestreiten, ist er ohne Beispiel; so bleibt auch an dieser Stelle ein starker irrationaler Rest, ein Mysterium in Kants praktischem Systeme des Rationalismus.

Zuzugeben ist nur, dass dem Menschen ursprünglich kein Gesetz gegeben wurde, ohne die Kraft, es zu erfüllen. Aber seit des Menschen Fall steht des Gesetzes Imperativ inhaltlich hoch über ihm; das Gesetz ist für den Gefallenen nicht mehr bloss Mahnruf zur

---

Gesetz und Evangelium, im Opfertode Christi, in der Beeinflussung von Vernunft und Willen durch die heiligende Kraft des göttlichen Geistes: nur ist ihm die Gnade Belohnung und Ergänzung des menschlichen Thuns: qui bene libero utentes arbitrio merentur domini gratiam, hi remunerandi sunt (August. de gratia Chr. 31). Vgl. Kahnis, Kirchg. (Dogm. II) 120 ff.; Banr, Kirchg. II, 123 ff.

1) Storr, annotationes quaedam theol. ad philos. Cantii doctrinam 1793 f. Vgl. Reinhard. Dogm. 480 f.; Dorner, Person Christi II, 990; Martensen. Ethik I, 17. 27 –31. 461 f. 141 ff.; Baader, Weltalter 222 f.

2) Vgl. in Krit. d. rein. Vnft.: „von den Paralogismen d. rein. V." (psychologische Idee). „von den Antinomien d. rein. V." (Kritik der Kosmologie). „vom Ideal der reinen Vnft." (Gottesidee).

3) Vgl. dagegen Jacobis Protest (Brief an Fichte; 3. Thl. d. Wke.). bei Martensen. Ethik I, 501 f.

4) Hiergegen erklärt sich auch trotz mancher Verwandtschaft mit Kant (z. B. in der Anerkennung einer Sittlichkeit auch ausserhalb des religiösen Gebietes, sowie in der Subordination des Religiösen unter das Sittliche: I. 464 ff. 478 f. II. 170 f. 219 f.) mit voller Entschiedenheit Rothe. theol. Ethik III, 360 f.:

Pflichterfüllung, es ist auch Klage und Anklage geworden; der einstige Schutzengel ist Strafengel geworden, der, um die Sünde zu bekämpfen, uns Sünder bekämpfen muss, in denen sie ihren Sitz und ihr Werkzeug hat.[1]) Das Gesetz blieb nach wie vor ἅγιος und πνευματικός, aber das „Du", zu dem es spricht, ist ein andres geworden (σάρκινος, ὑπὸ τὴν ἁμαρτίαν πεπραμένος). Das bezeugt das „böse" Gewissen und die Reue.[2]) Die Reue, als der Schmerz über das begangene Unrecht und also auch nur der Vergangenheit zugekehrt, hat in sich keineswegs die Kraft der Besserung; sie gleicht in ethischer Beziehung der ἀνάμνησις des Plato, in ihr besinnt sich das Ich auf sein einstiges Sein und auf sein stetes Sollen, freilich mit dem drückenden Gefühle, jetzt sei das Einst verwirkt und das Sollen der geschwächten Kraft nur ein Haftbefehl des heiligen Gesetzgebers und Richters (Matth. 7, 17 f.; 12, 33). In dem „bös gewordenen Baume" wohnt nicht die Kraft, von sich aus gute Früchte zu bringen, sondern nur Empfänglichkeit, durch Einpfropfung eines Edelreises (vgl. Jesaias 11, 1 f.) dynamisch gebessert zu werden. Kants subjektive praktische Zuversicht, der praktische Glaube an Realisierung des Guten ist ein übler Ersatz für objektive Hilfe; vor allem aber: wie soll dieser praktische Glaube aufkommen gegenüber dem theoretischen Bewusstsein und der praktischen Erfahrung, dass das Ich dem radikalen Bösen durch eigene That anheimfiel? Als „Empfänglichkeit" definiert Kant die „Persönlichkeit", diese sittliche, unzerstörbare Naturanlage; aber er verwertet sie sofort als Kraft, und zwar als eine durch das radikale Böse nicht einmal gelähmte, gebundene: und zwar nur sich stützend auf den willkürlichen Begriff seiner Freiheit als absoluter Willkür.[3]) Diese Definition, wie der Fehlschluss vom Sollen auf das Sein und auf das Können schliessen bei Kant künstlich die sittliche Kluft, welche das Christentum durch das sachliche und historische Moment der Gnade[4]) ausfüllt. Die Gnade ist aber, als der heiligen

---

„Das absolute Sittengesetz setzt eine ganz andere sittliche Welt voraus als die, in der wir unsere sittliche Aufgabe zu lösen haben, nämlich eine schlechthin normale, während wir uns im allerbesten Falle immer nur in einer relativ normalen bewegen (eigene Schwäche, unser Tagewerk mitten unter Sündern). Andererseits setzt es ein sittliches Subjekt voraus, in dem wir uns nicht wiedererkennen können; es wendet sich mit seinen Forderungen an das unverdorbene Geschöpf. Wir mit unserer abnormen sittlichen Ausrüstung können seinen Forderungen nicht nachkommen, auch kraft der Gnade der Erlösung nicht. Denn es fordert ein absolut normales Handeln; wir aber können, so lange der Process der Erlösung an uns noch nicht schlechthin vollzogen ist, auch kraft der göttlichen Gnade nur ein relativ normales Handeln zustande bringen. Die Forderungen dieses Sittengesetzes sind uns schlechthin zu hoch und zu schwer: es gilt wohl für den Erlöser, nicht aber für die Erlöstwerdenden. — Daher kam die begründete Klage über den Rigorismus dieser Moral, die uns Unmögliches ansinnt. Die Ethiker verfielen auf seiner Basis unvermeidlich, wollten sie jener Klage entgehen, in den Fehler, dass sie mit diesem Sittengesetze markten, ihm etwas abdingen mussten, wobei ihnen jedes objektive Mass für ihre Restriktionen fehlte. So verfielen sie in subjektive Willkür, der es ein Leichtes war, die sittlichen Forderungen auf ein Kleinstes herabzubringen."
1) Röm. 7, 7—9; 4, 15a. (ὁ νόμος ὀργὴν κατεργάζεται).
2) Nicht ohne Bedeutung für diesen Zusammenhang ist die Bemerkung und der Nachweis Ewalds (Theol. d. alt. u. neuen Bds. III, 233 f.), „dass die Wörter für den Begriff der Reue nirgends gerade in den alten Sprachen zu dem ältesten Sprachgute gehören, sondern erst zu dem sehr abgeleiteten und späteren."
3) Rel. innh. d. Grz. 48 ff. 67 ff. 84 ff. 94 ff. 181.
4) Richterlich und dynamisch äussert sie sich gegenüber dem Gefallenen und sittlich Geschwächten (Röm. 3, 23 ff.; 4, 5; 2. Cor. 5, 18. 12, 9; 1. Cor. 12, 4 ff.; Phil. 1, 6; Eph. 2, 8—10), keineswegs aber magisch (so Kant), sondern stets sittlich vermittelt durch Reue, Busse, Glaube. — Über den ethischen Charakter der Gnade in der Schrift vgl. Weiss. bibl. Theol. 212 f. 279 f. 414 f. 458 f.; Ewald, Theol. des neuen u. alt. Bds. III, 251 f. Sie ist „die zuvorkommende Liebe Gottes", „die göttliche Huld in ihrer

Liebe verwandt, ein Wesensmoment Gottes, das den Begriff seiner Persönlichkeit sachlich mit konstituiert; und dieser göttlichen Persönlichkeit ist es notwendig [1]) (als der Liebe), dass sie nicht allein und einsam bleibe, sondern sich mitteile (Röm. 5, 5; 8, 14 ff.; 1. Joh. 4, 18. 10; Galat. 3, 23 ff.; 4, 21 ff.; Joh. 8, 36): so ist des Menschen Persönlichkeit und ihre Mission auf Erden (Genes. 1, 26 ff.: Vasallen- und Priesterdienst vor Gott, d. h. Beherrschung der Welt durch den Geist Gottes — „das Ebenbild Gottes" — im Dienste Gottes) in Gott gegründet.

An Stelle des Evangeliums: „selig aus Gnaden" setzt Kant die stolze und doch frostige Forderung: erringe dir die Würdigkeit zur Glückseligkeit und die Selbstzufriedenheit. Aber sie verstösst nicht nur gegen das evangelische (Luc. 17, 10; Matth. 19, 17 ff.), sondern auch gegen das Kantsche Gewissen. Und darum redet Kant, trotzdem er in thesi die Würdigkeit und Selbstzufriedenheit fordert, doch in praxi von „einem Überschusse über das Verdienst der Werke" und „von einem Verdienste, das uns aus Gnaden zugerechnet wird." [2]) Auch in Kant dämmerte die Ahnung der Thatsache, dass der Rigorismus des Gesetzes, der es in uns nur zur „Achtung" vor dem Gesetze kommen lässt, zur wahren inneren Sittlichkeit nicht führt, sondern vielmehr zur pharisäisch-pelagianischen Selbstgerechtigkeit auf Grund von Selbsttäuschung (Luc. 18, 11. 12. 14; 1. Joh. 4, 18). — Kant verwirft freilich auch nachdrücklich die blosse „Legalität", er fordert, dass der Mensch „moralisch" gut sei. Nur bleibt seine hohe Anforderung ohne Aussicht auf Erfüllung. Der Übergang vom radikalen Bösen, vom bösen Hange zur Maxime der Heiligkeit „muss durch eine Revolution in der Gesinnung bewirkt werden." „Ein neuer Mensch kann er nur durch eine Art von Wiedergeburt gleich als durch eine neue Schöpfung des Herzens werden." [3]) Diese Worte haben biblischen

---

Aktivität", „die göttliche Kausalität des Heils." Auch Martensen, Dogm. 308 f.; Ethik I, 169 ff. 458 f.; Ritschl, Rechtf. u. Versöhn. III, 238 ff.; 278 f. 335 ff.; Reinhard, Dogm. 458—463.

1) Vgl. Martensen, Ethik I, 85 ff. 99. 105. 122. „Im Rationalismus vergass man gänzlich, was es mit diesem Ernährungs- und Aneignungsprocesse" (vgl. Joh. 1, 16; 3, 16; 15, 5; 16, 13; 6, 48 ff.; 7, 38 f.) „auf sich hat; ohne eigentliche Pflege, ohne Seelenspeise und Geistesnahrung sollte Alles aufgehen in ausschliessliches, daher denn auch unfruchtbares Produciren, Wirken und Handeln." Vgl. die das Himmelreich unter dem Bilde eines Gastmahles darstellenden Gleichnisse. — Reinhard, Dogm. 461 ff.: „über die Vernunftmässigkeit" der Gnade und ihrer Wirkungen. „Das Gesetz der Stetigkeit wird durch sie nicht unterbrochen, denn die besseren Einsichten und Gefühle, die nun entstehen, sind insgesamt Folgen und Äusserungen unserer eigenen Thätigkeit, die nur insofern von Gott herrühren, als unsere Kräfte von ihm erhöht worden sind." „Auch die menschliche Freiheit wird nicht gestört oder gezwungen, nach fremden Gesetzen sich zu richten; nur wird sie immer fähiger sich zu fühlen, nach den ihr sonst eigenen Gesetzen zu wirken und sich zum Guten zu bestimmen." „Bei dieser Einwirkung richtet sich Gott nach dem ordentlichen Laufe der geistigen Thätigkeiten" (vgl. 1. Cor. 12, 31—13, 13 mit 12, 4 ff.; auch 14, 4 ff. 18 f. mit 14, 12. 20.). „Gott verleiht zur sittlichen Besserung nur Kraft und Gelegenheit, die Anwendung aber von beiden bleibt jedem Menschen selbst überlassen; seine Verantwortung ist so grösser, wenn er die von Gott verliehenen Kräfte ungebraucht lässt." — Baader, Weltalter 112 f.: „Es war ein glücklicher Weg, den Kant in seiner Deduktion der praktischen Vernunft zum Gottesbeweise einschlug, indem er dem Elias folgend Gott weder im Sturm noch im wilden Feuer, sondern im stillen Säuseln des Gewissens (und der Gnade: 1. Könige 19, 10 ff.) suchte. Aber er schnürte der kaum begonnenen Analyse des Gemütsphänomens des Gewissens mit seinem Systeme wieder den Hals zu. Warum giebt er uns dem frostigen moralischen Idealismus preis und verwandelt das lebendige, kräftige Wort, das in uns gepflanzt, unsere Seelen selig und frei — oder elend macht, in einen nichtigen Lufthauch?"

2) Krit. d. pr. V. 212. 234 f.; Rel. innh. d. Grz. 49. 99—101.

3) Rel. i. d. Grz. 51 ff. 59 f.

Klang; aber während sie bei Johannes und Paulus im passiven Sinne stehen (Joh. 3, 3—8; 2. Cor. 5, 17—21), deutet sie Kant in das Subjektive um; statt der heiligenden, belebenden Kräfte des Gnadengeistes kennt er nur „die eigenen Kräfte" (Tit. 3, 5—8; Eph. 2, 8—10). Und diese sind ja doch unter dem Banne des radikalen Bösen; wie also lässt sich das „Muss" der Revolution erklären? Kant verzichtet auf die sachliche Beantwortung dieser Frage. Er gesteht ein, dass „der Satz von der angeborenen Verderbtheit der Menschen dieser Wiederherstellung durch eigene Kraftanwendung gerade entgegenstehe." Er sucht aber dem Selbstwiderspruche dialektisch zu entgehen; „allerdings was die Begreiflichkeit, d. h. unsere Einsicht von der Möglichkeit" dieser Revolution betrifft, so steht jener Satz der Möglichkeit einer sittlichen Revolution entgegen, „aber der Möglichkeit selbst ist er nicht entgegen." Statt den geschürzten Knoten zu lösen, durchhaut er ihn; durch den peremptorischen Satz: „die Pflicht gebietet, sie gebietet aber nichts, als was uns thunlich ist" stellt er an Stelle des Beweises die petitio principii. — Die von Kant vermiedene und bestrittene Position des Christentums ist hier dialektisch wie sachlich die ungleich stärkere. Wo das Verstehen aufhört, beginnt der Glaube; wo die eigene Kraft versagt, tritt die Gnadenhilfe ein. Wohl oder übel muss sich auch Kant diesem Syllogismus anbequemen; auch er braucht schliesslich „praktischen Glauben", „Zurechnung aus Gnaden", und seine „Neuschöpfung" oder „Wiedergeburt" vollzieht sich kraft eines „Christus", des Christus in uns; freilich verliert das Kantsche Christusbild jede objektive Bedeutung; der Christus vor und für uns verflüchtigt sich in den „Christus in uns", d. h. bei Kant in „die eigene Kraft." — Die Ohnmacht dieser eigenen Kraft erweist nicht nur Röm. 7, 18—24; Marc. 9, 24 (das drastische πιστεύω, κύριε βοήθει μου τῇ ἀπιστίᾳ), sondern auch Kant selbst: durch das, was er über den dolus malus (die selbstbetrügerische Tücke) des Menschenherzens sagt; und durch die geringe Zuversicht auf stetige Fortentwickelung der plötzlich inscenierten Revolution. „Wenn der Mensch den obersten Grundsatz seiner Maxime durch eine einzige unwandelbare Entschliessung umkehrt, so ist er dem Principe nach ein für das Gute empfängliches Subjekt, in kontinuierlichem Wirken und Werden ein guter Mensch, d. h. er kann hoffen, dass er sich auf dem guten, obwohl schmalen Wege eines beständigen Fortschrittes befinde." [1]) Das „Wenn" ist keine Antwort auf die Frage, ob und wie die sittliche Metamorphose sich plötzlich vollziehen könne; das „er kann hoffen" zeugt von geringer Zuversicht auf die Ausdauer der sittlichen Energie. Ganz anders redet Paulus Röm. 7, 25, freilich nach 7, 24; 5, 2. 5. 8. 21; 6, 17 ff. 23.

Nicht nur ein apriorisches Postulat, sondern eine wirkliche Beweisführung giebt Kant, wenn er, von dem uns angeborenen Bewusstsein des Sittengesetzes ausgehend, den Glauben an seine Vollbringung fordert und letztere als durch das Gewissen garantiert betrachtet. [2]) — Kants Schlussform erinnert formell an den ontologischen Beweis bei Augustin (de libero arbitrio, lib. II, 12—15), Anselm (proslog. 2. 3), Cartesius (meditat. II, V, de methodo, pag. 21—23 [ed. 1685]) und Wolff —, dessen Gültigkeit aber doch noch immer fraglich erscheint. Für dieselbe erklärten sich z. B. Hegel, Weisse, Ahrens, Kahnis, gegen dieselbe Kant, Prantl,

---

1) Rel. i. d. Grz. 55. 61.

2) Rel. i. d. Grz. 57—59; Krit. d. pr. V. 288 f. „Eines ist in unserer Seele, was wir nicht aufhören können, mit der höchsten Bewunderung zu betrachten, welches zugleich auch seelenerhebend ist: die ursprüngliche moralische Anlage in uns." „Selbst die Unbegreiflichkeit dieser eine göttliche Abkunft verkündigenden Anlage muss auf das Gemüt bis zur Begeisterung wirken."

Drobisch, Ritschl, Lipsius, Ebrard. [1]) — Zwar scheint es, als lasse sich Kants eigenes Argument gegen den ontologischen Beweis, „es sei ein Irrtum, vom blossen Begriffe auf die Existenz des Wesens zu schliessen", deshalb im vorliegenden Falle nicht gegen Kant selbst anwenden, weil dort der Syllogismus rein logisch, bei Kant aber auch ethisch begründet ist. Doch liegt thatsächlich eine Erschleichung und petitio principii im Kantschen Schlusse vor. „In der Wissenschaft ist das Sittengesetz nichts anderes, als eine Abstraktion aus dem Gebiete jener Begriffe, welche den Inhalt der Theologie ausmachen. Der Schluss von dem unmittelbaren Dasein des Sittengesetzes auf die Gewissheit seiner unbedingten Verwirklichung ist daher in der That ein Schluss von einem äusserlich gegebenen Abstraktum auf die Wahrheit der lebendigen und konkreten Wesenheit, von der dieses Abstraktum abgezogen ist." [2]) — Dazu kommt: in der abstrakten Formel des Kantschen kategorischen Imperatives hat wohl noch nie eines Menschen Gewissen von sich aus gesprochen. Giebt man aber die Kantsche Prämisse nicht zu, dass Kants kategorischer Imperativ — in der ihm von Kant gegebenen Fassung — uns a priori innewohne, so wird die Folgerung hinfällig, dass er sich verwirklichen müsse durch unsre eigene Kraft.

Abgesehen aber von der formellen Seite der Konklusio ist sachlich gegen die angebliche Verwirklichung des Sittengesetzes „durch die eigene Kraft" des Menschen noch zu erinnern: aus jenem Bewusstsein von dem uns angeborenen Sittengesetze folgt höchstens seine Verwirklichung überhaupt, zunächst als Gegenstand des sittlichen Glaubens und Hoffens, keineswegs schon der eigenen Energie. Wenn nun Kant selbst die moralische Anlage in uns, die Idee des moralischen Gesetzes in uns als „unbegreiflich" und eine „göttliche Abkunft verkündigend" bezeichnen muss: so drängt sich (nicht nur dem theologischen, sondern eben auch dem philosophischen Denken) der Gedanke an göttlichen Beistand, an göttliche Gnadenhilfe, da der Mensch ja ein gefallener ist, wie von selbst auf. Auch vom Sittengesetze gilt (Röm. 11, 36) ἐξ αὐτοῦ καὶ δι' αὐτοῦ καὶ εἰς αὐτόν. d. h. Gott ist nicht nur des Gesetzes Urheber und Zielpunkt, er ist auch, in dessen Kraft (δι' οὗ) wir es erfüllen. Das Paulinische διὰ αὐτοῦ deckt sich mit dem Johanneischen ἐν αὐτῷ: nur in der Lebensgemeinschaft mit Gott erfüllt der Mensch das Gesetz ganz, innerlich, im Geiste der Wahrheit und der Liebe. — Kant irrt formell und sachlich, wenn er die Frage: „wie und von wem wird das Gesetz erfüllt werden?" beantwortet durch den alleinigen Hinweis auf des Menschen eigene Kraft: unversehens verwandelt sich ihm der empirische Mensch in „des Menschen Sohn", der allein (so Schrift und Kant) „des Gesetzes Erfüllung" ist und bringt.

Es erübrigt die Prüfung der Nebenargumente, durch die Kant seine Thesis, dass dem Sollen das Können schlechthin entsprechen müsse, zu stützen sucht.

„Den Mut auffordern ist schon zur Hälfte soviel. als ihn einflössen." Unter Umständen wohl: doch auch dann ists eben nur eine halbe Sache. — Israel ist das Volk des Gesetzes und der Erhabenheit; es kannte nicht nur das Kardinalgesetz der Heiligkeit (Levit. 19. 2). sondern auch das der Liebe (Deuteron. 6, 4 f.: Israels Glaubensbekenntnis): es hat sein Kardinalgesetz zergliedert in die „10 Worte" (Exod. 20) und diese zerfasert in fast 700 Satzungen (365 Verbote, 248 Gebote). Israel aber stand dem göttlichen „Du sollst" gegenüber mit der Todesfurcht des

---

1) Vgl. Weisse, Idee d. Gottheit 27 ff.; Kahnis. Dogm. 1. (1. Aufl.) 151 ff.; Ritschl. Rechtfertigung und Versöhn. III, 184 f.; Ehrard, Apolog. 1, 198 f.

2) Weisse, Idee d. Gottheit 242 ff. — Vgl. Kant. Kritik. d. pr. V. 282: „In Gott denken wir das Ideal der Heiligkeit in Substanz.-

Verschuldeten (so selbst Jesaias, Cap. 6, 3 ff.). „Gott schauen" war gleichbedeutend mit „sterben müssen" ob der Unreinigkeit des Herzens und der Lippen. Mit „knechtischem Geiste", furchtsam und mutlos stand Israel vor seinem heiligen Gotte und dessen heiligem Gesetze (Röm. 8, 15 : 1. Joh. 4, 18). Nicht nur Israel, sondern jeder Mensch, der sich nicht pharisäischer Gesetzesabschwächung (Matth. 23, 16 ff.) schuldig macht, erfährt den Ernst des Paulinischen Wortes τῷ νόμῳ τοῦ θεοῦ οὐχ ὑποτάσσεται οὐδὲ γὰρ δύναται (Röm. 8, 7; vgl. 9, 16). Der kategorische Imperativ richtet zunächst den Schuldbewussten, vom radikalen Bösen Besessenen nicht auf, sondern hält ihm die traurige Thatsache vor: „du wolltest nicht gehorchen, du hast nicht gehorcht, und nun kannst du nicht mehr gehorchen, auch wenn du es möchtest."

„Dagegen die faule, sich selbst misstrauende und auf äussere Hilfe harrende kleinmütige Denkungsart — in Moral und Religion — alle Kräfte des Menschen abspannt und ihn dieser Hilfe selbst unwürdig macht." Kants Polemik ist nur berechtigt gegenüber der feigen, unsittlichen πίστις νεκρά (Jakob. 2, 14—20), die auch die Schrift verurteilt. Aber Kant verkennt,[1] über dem Zerrbild der πίστις ihr Urbild vergessend, vollständig die Tiefe des menschlichen Falls, die sittliche Natur der Gnade, den sittlichen und heroischen Charakter des evangelischen Glaubens.[2] Der letztere ist sittliche Energie, buchstäblich virtus und ἀνδρεία d. h. eine mannhafte That, ohne die Niemand zum ἀνὴρ τέλειος wird und ohne die Niemand zum ἀνὴρ τέλειος — dem Gottesund Menschensohne — kommt (Eph. 4, 13—16). Den Ernst und die Schwere des recht verstandenen Glaubens bezengt schon 2. Thess. 3, 2 (οὐ πάντων ἡ πίστις): bis heute ist er den oberflächlichen, die sittlich-religiösen Principien des Denkens wie des Handelns scheuenden Majoritäten fremd. Nach Hebr. 11, 1. 3: Röm. 1, 19 ff. ist er die höchste „Vernunft" (das Vernehmen des Übersinnlichen) und zugleich die höchste Energie, da eine That des ganzen Lebens (Glt. 5. 6. 13). Seine Seele, das θεῖον im Glauben ist die Liebe (1. Cor. 13, 13) aus Gott und zu Gott. Ohne dies Menschen sittliche und zwar totale Erneuerung ist dies gottverwandte Princip undenkbar (2. Cor. 5, 17 f.: 7, 1; Glt. 3, 24 ff.; Eph. 4, 1. 22 ff.; 3, 10: Col. 1, 10; 3, 5. 12; Röm. 6, 2 ff.; Phil. 2, 1 ff.. 1. Thess. 4, 1 ff.; 2. Thess. 3, 6 ff.). Es wirkt nicht einmal nur, sondern kontinuierlich: das bezeugen die den Begriff genauer nuancierenden Präpositionen; die πίστις εἰς, πρὸς und ἐπὶ τὸν θεὸν deutet das Streben und Wandern der Seele in infinitum (männlich und sächlich) an, die πίστις ἐν und ἐπὶ τῷ θεῷ bezeichnet auf der Basis des göttlichen Wesens und in der Gemeinschaft mit ihm einen jeweiligen Ruhepunkt, von dem aus die Wanderung der Seele höher und weiter führt; Grund und Ziel der πίστις ist das „verborgene Leben in Gott" (Col. 3, 1 ff.).

Als besondere Hebel unserer Sittlichkeit führt Kant an: eigene Tugendübung, das Beispiel guter Menschen, die zur That rufende Stimme des in unserer Vernunft wohnenden Urbilds sittlicher Vollkommenheit. — Der Weisung: „es muss sich jeder seinen Helden wählen, dem er die Wege zum Olymp sich nacharbeitet" kommt das Evangelium viel wirksamer nach als Kant, sofern jenes uns objektiv den zeigt, der „Weg, Wahrheit und Leben" ist (Joh. 14, 6 ff.; 15, 5 ff.; Matth. 11, 28 ff.: Luk. 22, 31 ff.; 1. Pet. 2, 9. 20 ff.). Wo sich sonst Tugend findet, ist ihr Licht nie ohne den Schatten der Fehler: nirgends ist sie sonst noch absolut, sondern nur relativ vorhanden: eigene und fremde Tugendübung steht unter dem Gerichte von Röm. 3, 23; 8, 7; Jakob. 2. 10; Levit. 19, 2; wie alles Menschliche bleibt sie Bruchstück (1. Cor. 13. 8—13). Das Vernunftideal aber, das Bewusstsein von dem Christus in uns (im Sinne Kants) d. h. von unserer

1) Vgl. z. B. Relig. innerh. d. Grz. 109 ff.
2) Vgl. Ewald, Theol. d. alten u. neuen Bds. I, 249; III, 259 ff. 277 ff. 344 ff. 378 f. 389; Weiss, bibl. Theol. 919 ff. 211 f. 348 f.; Ritschl, Rechtfert. u. Versöhn. III. 20. 50 f. 448 f. 457 f. 469. 576. 580 ff.; Kahnis Dogm. I. (1. Aufl.) 602 ff.; Martensen, Ethik I, 454 ff.; Rothe, Ethik II. 179 ff.

eigenen höheren Natur ist nicht ohne weiteres gleichzusetzen einer selbstthätigen Kraft. [1]) Von diesem Bewusstsein aus urteilen wir über das Treiben und Wesen des niederen Menschen in uns; aber dieses Urteilen und Verurteilen führt allein noch nicht hinaus über den Dualismus von Röm. 7, 14 ff. Dass bei allmählichem Fortschritte gegenüber dem Hange zum Bösen die echte Triebfeder der Moralität eine gesteigerte Kraft erhalte, ist Kant zuzugeben. Höchst bedenklich aber ist das Ziel, wohin dieser allmähliche Fortschritt nach Kant führt: „die Selbstzufriedenheit." Zunächst: ob die sittliche Entwickelung so sicher und so stetig verläuft, ohne Rückfälle? ob je das radikale Böse, der dolus malus im menschlichen Herzen ganz aufhört? Vor allem aber: ist nicht die Selbstzufriedenheit ein Widerspruch zu dem Idealismus und Rigorismus des Kantschen Sittengesetzes? [2]) — Ein Analogon der Glückseligkeit nennt Kant die Selbstzufriedenheit: mit dem Bewusstsein der Tugend sei sie notwendig verbunden. Diese sittliche Selbstgenugsamkeit (Kants) ist im Grunde der volle, frei heraustretende Egoismus, — und so das Gegenteil von dem christlichen Selbstbewusstsein und Streben. „Wachet und betet" (Luk. 22, 32): so ermahnt Christus die Seinen. „Mit Furcht und Zittern schaffet eure Seligkeit" (Phil. 2, 12): ruft Paulus seiner Lieblingsgemeinde zu, trotzdem sie vor anderen innerlich gereift und gefördert erscheint. Von sich selbst legt Paulus auf der Höhe seines Lebens stehend das demütige Bekenntnis ab: Phil. 3, 12 f. In demselben ist das passivische κατελήφϑην ὑπὸ τοῦ Χριστοῦ, das die Voraussetzung bildet zu διώκω εἰ καὶ καταλάβω ein bedeutsames Moment gegenüber dem Kantschen „αὐτός."

Der Behauptung: „schliesslich gehe die Achtung vor dem Gesetze über in moralisches Interesse, grenzenlose Hochschätzung, Ehrfurcht, ja Begeisterung" liegt die petitio principii zu Grunde: „was du sollst, kannst du." Freude und Lust am Gesetze ist ja doch nur dann denkbar, wenn seiner Forderung die innere Gewissheit entspricht: „ich kann sie erfüllen." Doch Röm. 4, 15; 1. Joh. 4, 18; Glt. 2, 19 f.; Eph. 2, 9; Glt. 3, 23 ff. Die „Begeisterung" vollends will nicht stimmen zum kategorischen Imperative, der wohl fordert, aber nichts giebt. Von welchem Geiste aus soll diese Begeisterung kommen? Kant kennt nur — und er rühmt sich dessen — ein abstrakt-formelles Gesetz, keine geistige Persönlichkeit als Quell und Ziel des individuellen Geisteslebens (ganz anders Joh. 15, 1—6; 16, 7—15; 14, 4 ff., 17, 7—9. 14 ff. 21—26: 1. Joh. 4, 16. 19. 9. 10; Röm. 5, 5. 8: 2. Cor. 3, 17: 5, 17—21). [3]) Kommt die Kantsche Begeisterung, dies innige und warme Finale seines starren rigoristischen Systems, doch vielleicht daher, dass es seinem Herzen — trotz aller Kühle seiner Dialektik — unmöglich war, das Ich aufzuheben zu lassen in dem Vernunftbegriffe und es zu isolieren in der Öde der nur halb vollzogenen Apotheose? Hat er nicht doch im Stillen die — aus seinem dialektischen Ansatze gestrichenen — Kräfte „der Liebe und der Phantasie" mit in Rechnung gestellt? Wahre, innere Begeisterung gegenüber dem heiligen Ernste des Gesetzes (Hebr. 4, 12) scheint nur da möglich zu sein, wo die Prämissen ὁ ϑεὸς ἀγάπη ἐστὶν und ἡ ἀγάπη τοῦ ϑεοῦ ἐκκέχυται ἐν ταῖς καρδίαις ἡμῶν διὰ Πνεύματος Ἁγίου zu der Konklusio führen πλήρωμα οὖν νόμου ἡ ἀγάπη (Röm. 5,5: 13, 10).

Kants Satisfaktionslehre ist der Abschluss und die Konsequenz der Lehren von der Autonomie und Autarkie der Vernunft. Aus der Selbstgesetzgebung und sittlichen

---

1) Schleiermacher, Krit. d. bisher. Sittenlehre 71. 74. 139 ff. 112 f.
2) Ritschl, Rechtf. u. Versöhn. I, 370: III, 530. Jener unpraktische Rigorismus' hat sich in der Geschichte gerächt, sofern die Theologie der Aufklärung zu der entgegengesetzten Behauptung umschlug, dass that von jedem Menschen nur solche und soviel sittliche Leistungen verlange, als derselbe nach seinen Umständen und Anlagen fähig sei hervorzubringen.
3) Martensen Ethik I, 408 f. 423 f. 482. 522. Im christlichen Leben ist die dankbare Liebe zu dem erlösenden Gotte der tiefste aller Beweggründe zur Tugend.« »Wenn Kant als das eigentliche Motiv der Tugend die reine, uneigennützige Hochachtung vor der Majestät des Pflichtgebotes geltend gemacht hat, so ist freilich diesem Motive Hochachtung nicht zu versagen; aber als tiefstes unter allen ist es nicht anzuerkennen; in dem Reiche der Persönlichkeiten kann man einmal nicht das Verhältnis zu einem unpersönlichen Gesetze, sondern nur das persönliche Verhältnis zu Gott dem innersten Bewegrund des Handelns abgeben.« Achtung ist nicht wie die Liebe ein auf innerer Freiheit beruhendes Gefühl, sondern Etwas, was auch wider Willen aufgenötigt wird.

6*

44

S e l b s t g e n u g s a m k e i t des Ich folgt dessen S e l b s t g e n u g t h u u n g und S e l b s t r e c h t-
f e r t i g u n g.[1])

Der Mensch als *νοούμενον* (der Christus in uns) v e r t r i t t nach Kant den Erscheinungsmenschen (den „adamitischen", *τὸν χοϊκόν, ἐκ γῆς* (1. Cor. 15, 45) d. h. der von der Erde genommen
zur Erde wird und an der Erde hängt mit seinem Dichten und Trachten). Durch Reue und Leid,
durch die erneute moralische Gesinnung und deren Bethätigung im Leben ist der Mensch als
N o u m e n o n der S t e l l v e r t r e t e r (trägt die Sündenschuld) und E r l ö s e r (thut leidend der
höchsten Gerechtigkeit genug) und S a c h v e r w a l t e r (sichert vor dem höchsten Richter den
Glauben an die Rechtfertigung) des e m p i r i s c h e n Menschen. Zu dieser Anschauung kommt
Kant auf Grund des Satzes: „was der Mensch in moralischem Sinne ist oder werden soll, dazu
muss e r s i c h selbst machen oder gemacht haben; es muss dies eine Wirkung seiner freien
Willkür sein: denn sonst könnte es ihm nicht angerechnet werden."

Kants Ausführungen berühren insofern wohlthuend, als sie ausschliesslich die e t h i s c h e
und q u a l i t a t i v e, nicht die juristische und quantitative Auffassung der Stellvertretung und
Rechtfertigung betonen. Die letztere ä u s s e r l i c h e Fassung war schon v o r Anselm oft geltend
gemacht worden, aber erst s e i t und d u r c h Anselm beherrschte sie die theologischen Systeme; [2])
über der o b j e k t i v e n, richterlichen That Gottes ward zumeist die s u b j e k t i v e, persönliche
That des Menschen vergessen. Dem Anselmschen Extrem gegenüber tritt das Kantsche: dort
wird die „Ehre Gottes" durch das Eingreifen der zweiten Person der Trinität, hier wird die „Ehre
Gottes" durch die freie Selbstthat des principiell sich umkehrenden Menschen wieder hergestellt; [3])
dort tritt der „unendliche" Sohn Gottes ein für die — mit Rücksicht auf den beleidigten Gesetzgeber — unendliche Schuld der Menschheit, hier büsst „das intelligible Wesen" des erneuten
Menschen „eine Unendlichkeit von Gesetzesverletzungen" ab, welche „das Böse in der Gesinnung
und in den Maximen" notwendig mit sich führt. [4]) Durch die rein mechanische, quantitative
Abschätzung der Unendlichkeit m e n s c h l i c h e r Schuld und der (g r ö s s e r e n) Unendlichkeit
des g ö t t l i c h e n Stellvertreters erreichte Anselm den S c h e i n voller Kompensation. Mit Recht
hält sich Kant von diesem Schatten der Wahrheit fern.

Aber auch seine Theorie der Satisfaktion führt zu k e i n e m verständlichen R e s u l t a t e.
Denn die (auch nach Kant) u n e n d l i c h e Schuld erfährt k e i n e o b j e k t i v e S ü h n e: die intelligible
That des Menschen als Noumenon, seine e i g e n e principielle Umkehr, ist ja mehr P o s t u l a t,
als Thatsache. Auch Kant selbst verzichtet schliesslich auf die v o l l e und objektive Sühne; er
bekennt schliesslich ein „a u s G n a d e n." [5]) So aber bleibt der Gegensatz zwischen „Gerechtigkeit" und „Gnade" bei ihm ohne Vermittelung; weiter als Johannes der Täufer (*μετανοεῖτε*)
führt Kant uns thatsächlich nicht; über dem dualistisch zerrissenen Menschen zeigt er uns nicht
den o b j e k t i v e n Gott der Gnade und den historischen Träger der Gnade, den Erlöser. —
Wird ferner mit Kants Eingeständnis, „dass das Böse in der Gesinnung und in der Maxime eine
Unendlichkeit von Verletzungen des Gesetzes, mithin der Schuld, bei sich führt", Ernst gemacht,
so ergiebt sich im g ü n s t i g s t e n Falle (d. h. bei stetigem Wachstum im Guten, ohne jeden
Rückfall) als Kompensation die intelligible gute Gesinnung und die Unendlichkeit der beim Gutwerden sich vollziehenden guten Einzelthaten. So aber steht der intelligibeln bösen die intelligible
gute That, und den unendlichen Verfehlungen die endlose Gutwerden doch eben nur gegenüber:
und die Gleichung reduziert sich auf Null. Wo aber bleibt irgend ein P o s i t i v e s für die
Güte des Menschencharakters? Auch der Kantsche intelligible Mensch k ö n n t e überhaupt nicht
weiter kommen, als zu Luk. 17, 10; ob er aber so weit kommt? „Nach der empirischen Selbst-

1) Relig. innerh. d. Grz. d. V. 18 ff. 30 ff. 169—176. 216 f.; Krit. d. pr. Vnft. 231.
2) Vgl. Baur, Lehre v. d. Versöhnung (1838) 169 ff.; Hasse, Ans. v. Cant. II, 463 ff. 560 ff.; Kahnis, Kirchenglb. (Dogm. II. 26) ff. 243 ff.; Höhne, Anselmi philosophia etc. (1867); Thomasius, Christi Person und Werk: Dorner Person Christi (II. Thl.).
3) Vgl. Anselm, monolog. 15. 16; cur deus homo I. 15 mit Kant, Krit. d. pr. V. 236. Diejenigen, welche den Zweck der Schöpfung in die Ehre Gottes setzten, haben wohl den besten Ausdruck getroffen. Denn nichts ehrt Gott mehr, als die Achtung für sein Gebot. An Stelle des mittelalterlich-ritterlichen Begriffes der Ehre setzt Kant den streng ethischen.
4) Vgl. Anselm, cur deus homo I. 21; II. 16 mit Kant, Relig. innerh. d. Grz. 81 f. 95.
5) „Damit das, was bei uns immer nur im blossen Werden ist, uns, gleich als ob wir schon hier im vollen Besitze desselben wären, zugerechnet werde, dazu haben wir doch k e i n e n Rechtsanspruch (nach der empirischen Selbsterkenntnis), der Ankläger in uns würde eher noch auf ein V e r d a m m u n g s u r t e i l antragen. Es ist also immer nur ein Urteilspruch a u s G n a d e n, obgleich der ewigen Gerechtigkeit völlig gemäss, wenn wir um jenes Guten im G l a u b e n willen, aller Verantwortung entschlagen werden." Rel. i. d. Grz. 101.

erkenntnis" (so Kant) und nach Röm. 7 bleibt selbst die Leistung von Luk. 17. 10 nur Hypothese und Forderung. Von einem Plus des Guten kann keine Rede sein, wo der Verschuldete unter dem strengen Spruche (Matth. 18. 34) sich müht, „dass er alles bezahlen muss, was er schuldig ward:" helfen kann nur „der Urteilsspruch aus Gnade." — Kant sucht diesen möglichst abzuschwächen; immer und immer betont er, dass aus eigener Kraft Würdigkeit und Heiligkeit zu erstreben und auch zu erreichen sei; die Kraft zum Guten denkt er sich überlegen dem Hange zum Bösen. Aber sein moralischer Purismus erhebt doch nur einen spiritualistischen, nicht einen reell begründeten Einspruch wider die thatsächliche sittliche Konstitution des Menschen. Wird Kants tadelnde Kritik, dass „Gnade Wunder" und also Magie sei ohne sittliche Wirkung, adoptiert: so führt Kants Theorie nur zu einer „Unbegreiflichkeit" der Satisfaktion; „denn der Wiederherstellung durch eigene Kraft steht der Satz von der angebornen Verderbtheit entgegen."

So viel über das Wie der Satisfaktion. Wem wird sie geleistet? Bei Kant nicht dem Gotte über uns, sondern dem Moralgesetze in uns. Also: uns selbst stehen und fallen wir. Vor dem Christus in uns[1]), vor dem Menschen als Noumenon, der gleicherweise „Stellvertreter, Erlöser und Sachwalter" des empirischen Menschen ist, wird „die Gesinnung, welche als intellektuelle Einheit die Stelle der That vertritt", als Äquivalent deponiert.

Dass letztere nur ein principieller Anfang ist, dass wir über das Werden nicht hinauskommen zum vollendeten Sein, dass also „die von uns geleistete Genugthuung für uns nur in der Idee der gebesserten Gesinnung liegt, die aber allein Gott kennt": spricht Kant bestimmt aus.[2]) Und so braucht er im Gerichte einen Überschuss der Werke und ein Verdienst, das uns aus Gnaden zugerechnet wird, also „den Ratschluss eines Oberen zur Erteilung eines Guten, wozu der Untergeordnete nichts weiter als die (moralische) Empfänglichkeit hat." — Um so unverständlicher[3]) wird nun der rein subjektive, innere Vorgang der Rechtfertigung bei Kant. Wer ist der Richter in uns, der von sich aus sagen kann: „Dir sind deine Sünden vergeben?" Etwa das hehre, heilige, nur fordernde Gesetz? Etwa der im steten Kampfe liegende, sachlich noch unfreie Mensch (Noumenon), der zwar dem „unbegreiflichen, wunderbaren" Urbilde der Heiligkeit nachstrebt, aber doch „von der Unveränderlichkeit einer solchen Gesinnung nicht fest versichert ist?" „Nur Persönliches kann Persönliches heilen" sagt im evangelischen Sinne Schelling:[4]) nicht aber heilt uns die abstrakte Formel des Sittengesetzes. Und nur Gesundes kann das Kranke heilen (Luk. 5, 30 f.): aber der Kantsche (ohnehin dualistische und der Personeinheit bare) Mensch krankt am radikalen Bösen, er ist kein gesunder „Heiland" und Arzt: ihm fehlt die sittliche Würde und die sittliche Energie, um mit Erfolg die dreifache Rolle des „Stellvertreters, Erlösers, Sachwalters" für den Erscheinungsmenschen zu übernehmen. Bei Kant sind Gesetzgeber und Richter, Schuldner und Erlöser zusammengefasst in dem einen Ich: dem subjektiven, an sich prekären, da leicht auf Selbsttäuschung hinauslaufenden (vgl. den dolus malus des Herzens bei Kant) Zeugnisse der Rechtfertigung fehlt das objektive, uns innerlich vermittelte Geisteszeugnis (Röm. 8, 16). Auf dem sittlichen Stückwerke des Ich sinkt die fröhliche Hoffnung zusammen. — Zwar tröstet Kant: „die gute und lautere Gesinnung, deren man sich bewusst ist, ist der Tröster und Paraklet, wenn uns unsere Fehltritte wegen ihrer Beharrlichkeit besorgt machen." Aber werfen nicht letztere ein zweideutiges Licht auf die Kraft jener Gesinnung? Und darf von diesem Paraklet, der doch nur in uns und nicht auch über uns existiert, gesagt werden, was Röm. 8, 26 f. vom heiligen Gottesgeiste, von seiner Intercession am Throne des Richters und von seiner neubelebenden Kraft gesagt ist? Auch der Kantsche Mensch wird in seiner „empirischen Vollendung" nimmer hin-

1) Kants Ausdeutung des Endgerichtes (Rel. innerh. d. Grz. 212 f.): „Der Weltrichter wird nicht als Gott, sondern als Menschensohn vorgestellt und genannt. Das scheint anzuzeigen, dass die Menschheit selbst, ihrer Einschränkung und Gebrechlichkeit sich bewusst, den Ausspruch thun werde" streift zwar, aber verflüchtigt auch den ethischen Grundgedanken von Joh. 5, 22. 27: Das Selbstgericht des Einzelnen vollzieht sich beim geistigen Schauen dessen, der (ὁ υἱὸς τοῦ ἀνθρώπου) alleiniger Träger der Eigenschaften der idealen, nach Gottes Bild geschaffenen und daher noch sündlosen Menschheit ist.

2) Relig. i. d. Grz. 100 ff. 168 f. 210 f. für bedingte Gnadenzulassung. Dagegen fehlt a. a. O. 150 f. 232. 266 f. 61 ff.; Krit. d. pr. V. 150 f. 230. 232. 265 die Gnade unter den Motiven der Gesetzerfüllung („Furcht, Hoffnung, Pflichtgefühl"), wenn man sie nicht in das Motiv der Hoffnung — das freilich nicht das höchste ist — hineindeuten will (im Sinne von Röm. 5, 5: ἡ ἐλπὶς οὐ καταισχύνει).

3) Vgl. Ulrici, Herzogs Ency. VII, 311 f.; Reinhard, Dogmat. 479 ff.; Ebrard, Apolog. I, 283 ff. 292 f.; Ritschl, Rechtf. u. Versöhn. III, 40 f. 50 ff. 61. 80. 206. 279. 318 ff. 141. 162. 465. 467 ff. 511. 522; Martensen, Ethik I, 501.

4) Vgl. die Ausführungen bei Dorner, Person Christi II, 1080.

auskommen über das apostolische Bekenntnis (Röm. 8, 23): καὶ ἡμεῖς ἐν ἑαυτοῖς στενάζομεν; selbst die ἀπαρχὴ τοῦ Πνεύματος lässt τὴν υἱοθεσίαν nur als Gegenstand der Hoffnung, noch nicht als gegenwärtigen Besitz, geschweige als Verdienst erscheinen. Kants heroische[1]) Tugend ist in concreto und in der gegenwärtigen Wirklichkeit nicht erweislich.

Seinem eigenen Systeme hat Kant in seiner Beurteilung des Stoicismus das Urteil gesprochen,[2]) obschon er sich müht, die Differenz beider zu erweisen. „Das stoische System machte das Bewusstsein der Seelenstärke zum Angel, um den sich alle Gesinnungen wenden sollten. — Tugend war bei ihnen ein gewisser Heroismus des über die tierische Natur des Menschen sich erhebenden Weisen, der ihm selbst genug ist. — Den blossen Gebrauch der natürlichen Kräfte fanden sie in Ansehung des Weges für hinreichend." In diesen Worten ist auch Kants System (mit seiner Autonomie und Autarkie, der Selbstgerechtigkeit und subjektiven Satisfaktion, der „heroischen" Tugend, dem Appell an die Weisen und Wissenden) gezeichnet. Mit Recht stellt Kant „die christliche Moral" höher als die stoische. Aber er irrt, wenn er glaubt in seinem Systeme des Rationalismus und Nomismus diese höhere christliche Moral dargestellt zu haben: ihm fehlt der Geist des Evangeliums. An Stelle der stoischen Weisheitsidee hat Kant allerdings eine andere Idee, die der Heiligkeit, gesetzt. Doch indem er so den antik heidnischen Standpunkt verlässt, betritt er doch nur den alttestamentlichen eines Moses, Elias, Johannes des Täufers. Auf einer Vorstufe des Christentums bleibt er stehen, und von ferne nur ahnt man von ihr das heilige Land (Galt. 3, 23 ff.) Sein heroischer Egoismus bleibt ferne vom „Tuismus" der Gnade und Liebe und lehnt ausser und über dem Menschen einen objektiven (persönlichen) „Stellvertreter, Erlöser, Sachwalter, Richter" ab.

Diese vier, streng genommen sich ausschliessenden Funktionen überträgt Kant dem Noumenon des Menschen. Dabei aber wird die Idee der Heiligkeit ihres Rigorismus entkleidet. Denn ein Urteil de congruo, nicht de condigno[3]) ist das Finale, ein Machtspruch der Gnadenhoffnung, obwohl der Angeklagte seine sittliche Qualität auf „Würdigkeit" und „Heiligkeit" und „eigene Kräfte" basierte oder abzielen liess. Diese Gnadenhoffnung ist nahe verwandt mit der selig machenden fides ingenua, die von dem nicht genügenden Ich (nicht genügend aber ist ethisch so viel wie unselig) an einen gnädigen Richter über dem Ich appelliert, dass er aus seiner Fülle Leben und Wahrheit, Gnade und Frieden gebe.[4])

---

1) Baader. Weltalter 236 f. 292. 372. „Der unfrei gewordene Mensch bedarf der Hilfe eines freien Wesens. Wer gefallen ist und wieder erhoben werden will, der muss sich vor Allem gegen jenen demütigen, der ihn wieder erheben kann und soll, weil dieses Vertiefen des Empfängers gegen den Geber diesem allein das Geben möglich macht." Jede freie Demütigung in Liebe und Gehorsam stellt uns innerlich höher und freier zu dem Erlöser wie zu dem Richter. Der Begriff des Erlösers ist der derjenigen, der als Heros und Eros die ursprüngliche Einwesigkeit von Liebe und Licht im Menschen wiederherstellt."

2) Krit. d. pr. V. 224 f.

3) Thomas von Aquino (Prima Secundae 114, 6): Opus nostrum habet rationem meriti ex duobus. Primo quidem ex vi motionis divinae, et sic meretur aliquis ex condigno. Alio modo habet rationem meriti secundum quod procedit ex libero arbitrio, inquantum voluntarie aliquid facimus, et ex hac parte est meritum congrui: quia congruum est, ut, dum homo bene utitur sua virtute, deus secundum superexcellentem virtutem excellentius operetur. Das meritum condigni hat Rechtsanspruch auf Lohn, das meritum congrui erhält Lohn nur wegen des ihm zu Grunde liegenden Strebens; vgl. Kahnis, Kirchenglbe. (Dogm. III 298.

4) Eine mit dem Voranstehenden zusammenhängende Abhandlung über den Kantschen Nomismus ist an anderem Orte abgedruckt.

Jahresbericht

über

die Fürsten- und Landesschule Meissen

vom Juli 1880 bis Juli 1881.

I. Lehrverfassung.

Übersicht des von Ostern 1880 bis Ostern 1881 erteilten Unterrichts.

A. In Sprachen und Wissenschaften.

Oberprima. Klassenlehrer Rektor und Professor Dr. Peter.
Lateinische Sprache, 9 St. Tacit. hist. IV. V im Sommer, Cicer. de orat. I c. 1—8, 24 bis Ende im Winter. Emendation der Aufsätze, Pensa und Extemporalia 2 St. Disputationsübungen (im Anschluss an Liv. XXIII und Cicero de senect.) 1 St. Rektor. Horaz, Satiren und Episteln mit Auswahl und metrische Arbeiten 2 St. Fleischer.
Griechische Sprache, 6 St. Thucyd. III 1—70 im S., Plato Protagoras im W. 3 St. Korrektur der Pensa und Extemporalia und Repetition ausgew. Abschnitte der Syntax 1 St. Angermann. Sophocl. Ödipus auf Kolonos im S., Ödipus rex im W. 2 St. Fleischer.
Privatim wurden unter Kontrolle des Ordinarius von Allen gelesen: Tacit. Germania, dialogus de or., ann. I u. II mit Auswahl; ferner von Einzelnen nach freier Wahl: Griech. Lyriker (nach Stoll), von Sophocl. die nicht in der Klasse gelesenen Stücke, Theokrit, Herod. I. II. VIII. IX., von Thucyd. I. III. VII., Plato Krit., Laches und Apologie, Demosth. or. Philipp., Plut. Gracchi, Verg. Aeneis, Cicer. pro Murena, pro Milone, Tuscul. II—IV., Lael., de offic., Liv. XXI. XXIV. Quint. X.
Deutsche Sprache, 3 St. Geschichte der deutschen Litteratur 1520—1750 repetiert. Lessings Leben und Schriften im S., Goethes Leben und Dichtungen im W., freie Vorträge und Disputationen, Korrektur der schriftlichen Arbeiten. Höhne.
Französische Sprache, 2 St. Descartes, discours de la méthode (Schluss), Victor Hugo, Ruy Blas: Emendation der freien Arbeiten und Extemporalien; freie Vorträge und Repetition der Syntax. Köhler.
Hebräische Sprache, 2 St. Lektüre von Josephs Geschichte in der Genesis und Jesaias 36—39: 6, Ezechiel 37, 1—14, Jonas 1—4, Joel 1—4, Psalmen 95—100, Extemporalia. Repetitionen der Formenlehre und Syntaktisches. Höhne.
Religionslehre, 2 St. (mit Unterprima kombiniert). Repetitionen früherer Jahreskurse: Lektüre des Römerbriefes. Höhne.
Geschichte, 3 St. (mit Unterprima kombiniert). Geschichte des Mittelalters und der neuen Zeit bis zum Jahre 1618. Repetition der alten Geschichte. Flathe.
Mathematik, 4 St. Analyt. Geometrie der Ebene 1. Theil, Stereometrie 2. Theil im S.; Analyt. Geometrie der Ebene 2. Theil (Kreis und Parabel), höhere Algebra (kubische und biquadratische Gleichungen) im W.; Extemporalien, Wochenarbeiten und vierteljährlich umfassendere Arbeiten. Milberg.
Naturkunde, 2 St. Akustik, Optik, Calorik. Meutzner.

Unterprima. Klassenlehrer Professor Dr. Angermann.
Lateinische Sprache, 8 St. Thucyd. (1. Hälfte) im S., Tuscul. I. V 1—28 im W., 3 St. Korrektur der Aufsätze, Pensa und Extemporalia, Übungen im latein. Sprechen, Stilistik 3 St. Angermann. Horat. od. lib. I. II. III 1—5; die ausgelassenen Oden wurden privatim gelesen, 20 memoriert; Emend. der metr. Arbeiten. 2 St. Fleischer.
Griechische Sprache, 6 St. Plato Sympos. c. 1—5. 30 — fin., Kriton im S., Phaed. 1—11, 63 — fin. Thucyd. VII (von c. 69 an kursorisch) im W. 3 St. Korrektur der Pensa und Extemporalia,

Repetition und Ergänzung der Syntax nach Seyfferts Hauptregeln 1 St. **Rektor.** Homer Ilias IX. XX. XXI. im S, Sophocl. Aias im W. **Fleischer.**

Privatim wurden von Allen gelesen unter Kontrolle des Ordinarius die nicht in der Klasse gelesenen Oden des Horatius, die Ilias zu End**e.** Quintil. X.

Deutsche Sprache, 3 St. Lektüre von Schillers Antrittsrede und philos. Gedichten im S., Abriss der Litteraturgeschichte von Anfang des 14. Jahrh. bis auf Klopstock; Lektüre von Klopstocks Oden im W. Übungen im mündlichen Vortrag und in der Dispositionslehre; Zurückgabe der schriftlichen Arbeiten. **Flathe.**

Französische Sprache, 2 St. Bossuet, Oraisons funèbres I. II. Emendation der freien Arbeiten und Extemporalien. Übungen im mündlichen Übersetzen aus dem Deutschen ins Franz. nach Probsts Aufgaben II, Perorierübungen. **Köhler.**

Hebräische Sprache, 2 St. Lehre vom Nomen, Repetition der Lehre vom Verbum im S., Syntaktisches im Anschluss an die Lektüre von leichteren geschichtlichen Stellen aus Genesis und Exodus, Ruth c. 1—4. Schriftliche Übungen. **Höhne.**

Religionslehre und *Geschichte* kombiniert mit Oberprima.

Mathematik, 4 St. Kombinatorik, der binomische Lehrsatz, Stereometrie 1. Teil im S.; diophantische Gleichungen und Kettenbrüche, Stereometrie 2. Teil, im W.: Extemporalien und vierteljährlich umfassendere Arbeiten. **Meutzner.**

Naturkunde, 2 St. Galvanismus und Induktion. Mechanik. **Meutzner.**

Philosophische Propädeutik, 1 St. Die Hauptlehren der Logik nach Trendelenburgs elem. log. Aristot. **Höhne.**

Obersekunda. Klassenlehrer Professor Dr. Roscher.

Lateinische Sprache, 10 St. Liv. XXI und Verg. Aen. I im S., Cic. pro Murena und de imper. Cn. Pomp., Verg. Aen. II. III im W., 6 St. Grammatik nach Ellendt-Seyffert § 202—213, § 343—350 und Repetition und Ergänzung der übrigen Syntax mit Hervorhebung des Stilistischen 1 St., Übungen im lat. Sprechen im Anschluss an die Lektüre des Livius und Virgil, Korrektur der Aufsätze, Pensa, Extemporalia und der metrischen Arbeiten. Memoriert wurden Abschnitte aus Cicero und aus Homers Od. I. **Roscher.**

Griechische Sprache, 6 St. Herod. VIII c. 1—125, Hom. Il. I. II. 1—483 im S., Lysias XII. XVI. XXV. XXXI, Hom. Il. III—VI. im W., 5 St. Korrektur der Pensa und Extemporalia, Grammatik nach Seyfferts Hauptregeln § 120—155 mit einzelnen Auslassungen und Repetition und Erweiterung der Lehre vom Artikel, dem Pronomen und den Kasus, 1 St. **Seeliger.**

Privatim wurde von Allen unter Kontrolle des Ordinarius die Odyssee zu Ende gelesen, dann Sallust. Ingurtha und Ilias VII. VIII.

Deutsche Sprache, 2 St. Kurze Übersicht der althochdeutschen Litteratur, Lektüre des Nibelungenliedes, der Gudrun und ausgewählter Gedichte von Walther von der Vogelweide nach Englmanns Lesebuch, Übungen im Disponieren, Besprechung und Rückgabe der schriftlichen Arbeiten, Perorieren deutscher Gedichte. **Seeliger.**

Französische Sprache, 2 St. Mirabeau Discours I. III. IV. V (nach Fritzsche), mündliches Übersetzen ins Franz. aus Wentzel und Franke, Emendation der schriftlichen Arbeiten, Grammatik nach Plötz, Syntax (Lehre vom Infinitiv), Perorierübungen. **Köhler.**

Hebräische Sprache, 2 St. Lehre von den Elementen und vom Verbum nach Seffers Lehrbuch nebst schriftl. Übungen. **Köhler.**

Religionslehre, 2 St. (mit Untersekunda kombiniert). Kirchengeschichte von der Reformation bis 1740. Repetition früherer Pensen. **Höhne.**

Geschichte, 3 St. Römische Geschichte bis zum J. 378 n. Chr. Repetition der griech. und der deutschen Geschichte. **Flathe.**

Mathematik, 4 St. Trigonometrie 1. Teil, quadratische Gleichungen im S.; Trigonometrie 2. Teil (Abschluss), arithmetische und geometrische Progressionen, Zinseszins- und Rentenrechnung im W.; Extemporalien, Wochenarbeiten und vierteljährlich umfassendere Arbeiten. **Milberg.**

Naturkunde, 2 St. Allgemeine Eigenschaften der Körper, Hauptlehren der anorganischen Chemie und der Physik mit besonderer Berücksichtigung der Elektrizität. **Meutzner.**

Untersekunda. Klassenlehrer Professor Dr. Fleischer,

Lateinische Sprache, 10 St. Cicero de imper. Cn. Pomp.; Cato und Laelius, Ovid fast. mit Auswahl, 6 St. Syntax nach Ellendt-Seyffert: die Lehre von den Pronominibus, Temporibus u. Modis nebst Repetition und Erweiterung des Pensums der Obertertia 2 St. Emendation der freien lat. u. der metr. Arbeiten, Pensa und Extemporalia. Perorationsübungen im Anschluss an die Klassenlektüre, Durchgehen der Studiertagsarbeiten, Sprechübungen, 2 St. Fleischer.

Griechische Sprache, 6 St. Arrian Anab. I. II. Homer Od. I—III. 4 St. Syntax nach Seyfferts Hauptregeln § 1—21. 62—119 (mit Auswahl). Korrektur der Pensa und Extemporalia. 2 St. Roscher.

Privatim wurden unter Kontrolle des Ordinarius von Allen gelesen Homers Odyssee IV—VIII. Ovid metam. (in Auswahl): von einzelnen Schülern Cicero pro Roscio Amer., pro Arch., Sall. bell. Iug.

Deutsche Sprache, 2 St. Lektüre von Goethes Götz von Berlichingen und Hermann und Dorothea, und von Schillers Tell und Jungfrau von Orleans; Deklamation deutscher Gedichte, einiges aus der deutschen Litteraturgeschichte (Goethes und Schillers Leben). Übungen im Disponieren. Besprechung der schriftlichen Arbeiten. Köhler.

Französische Sprache, 2 St. Lektüre von Herrig prem. lect., ausgew. Stücke, u. v. Cherbuliez. Cheval de Phidias c. 1, Übersetzen in das Franz. aus dem Übungsbuche von Wüllenweber, Perorierübungen. Emendation der schriftl. Arbeiten, Grammatik nach Plötz. Synt. (Lehre vom Konjunktiv). Köhler.

Religionslehre kombiniert mit Obersekunda.

Geschichte, 3 St. Geschichte Griechenlands, Abriss der sächs. Geschichte bis zur Reformation. Repetition der deutschen Geschichte und der Geographie von Europa. Flathe.

Mathematik, 4 St. Planimetrie: Flächeninhalt geradliniger Figuren, Verwandlung und Teilung derselben; Arithmetik: Lehre von den Potenzen und Wurzeln auch mit gebrochenen und negativen Exponenten, im S., Abschluss der Planimetrie (Kreismessung und Anhänge), Einführung in den Gebrauch der Logarithmen (Exponentialgleichungen), Lösung von Gleichungen ersten Grades mit mehreren Unbekannten, Einleitung in die quadratischen Gleichungen, im W.: Extemporalien, Wochenarbeiten und vierteljährlich umfassendere Arbeiten. Milberg.

Naturkunde, 2 St. Krystallographie mit axonometrischen Zeichnungen, Mineralogie und Anthropologisches. Meutzner.

Obertertia. Klassenlehrer Oberlehrer Dr. Seeliger.

Lateinische Sprache, 10 St. Caesar bell. civ. I c. 32—87. III; Ovid met. 13. 16. 24. 25. 38. 45 nach der Auswahl von Siebelis, 6 St. Die Lehre von den Kasus und die wichtigeren Regeln aus der übrigen Syntax nach Ellendt-Seyffert, verbunden mit Repetition des grammat. Pensums der Untertertia, 2 St. Emendation der prosaischen und metrischen Pensa und Extemporalia. Übersetzen aus dem Deutschen nach Warschauers Übungsbuch und latein. Sprechübungen im Anschluss daran, Besprechung der Studiertagsarbeiten. Perorierübungen, 2 St. Seeliger.

Griechische Sprache, 6 St. Xenophons Anab. I. II. 4 St.: Abschluss und Repetition der Formenlehre, Kasuslehre nach Seyffert, Vokabellernen nach Kübler, Emendation der Pensa und Extemporalia. 2 St. Gilbert.

Privatim wurde unter Kontrolle des Ordinarius von Allen gelesen: Caes. de bell. civ. I. c. 7—31. II.; Ovid metam. 1—8. 26—37. 39—41.

Deutsche Sprache, 2 St. Lektüre von Schillerschen Gedichten, Einübung der neuen Orthographie. Deklamierübungen. Korrektur der Aufsätze. Gilbert.

Französische Sprache, 2 St. Thiers Exped. en Egypte c. 1—4. mündliches Übersetzen aus Niebuhrs Heroengeschichten. Korrektur der Pensen und Extemporalien, Grammatik nach Plötz lect. 10—14 u. die unregelm. Verba. Köhler.

Religionslehre, 2 St. Geschichte des Volkes Israel, Lektüre und Besprechung des alten Testaments. Repetitionen früherer Pensen. Höhne.

Geschichte, 2 St. Deutsche Geschichte, Repetition der alten Geschichte. Flathe.

Geographie, 2 St. Europa, Repetition der aussereuropäischen Erdtheile. Flathe.

Mathematik, 4 St. im S.: Planimetrie: Lehre vom Kreise, analytische Aufgaben; Arithmetik: Quadrat- und Kubikwurzelausziehen, allgemeine Proportionslehre mit Anwendungen: im W.: Geometr. Proportions- und Ähnlichkeitslehre, Gleichungen ersten Grades mit einer Unbekannten. Pensa und Extemporalia: Vierteljahrsarbeiten. Milberg.

Naturkunde, 1 St. Hauptlehren der astronomischen Geographie. Meutzner.

Untertertia. Klassenlehrer Oberlehrer Gilbert.

Lateinische Sprache, 10 St. Caesar bell. gall. I. VI (erste Hälfte) 3 St. Übersicht über das Gesamtgebiet der Syntax nach Ellendt-Seyffert, Repetition der Formenlehre, mündl. Übersetzen aus Schultz' Übungsbuch verbunden mit lat. Sprechübungen, 3 St. Emendation der Pensa

7

und Extemporalia. Memorierübungen. Kontrolle der Privatlektüre, 2 St. Einübung der prosodischen Regeln und Versübungen. Lektüre ausgewählter Stücke aus Frankes Chrestomathie, 2 St. Gilbert.

Griechische Sprache, 6 St. Lektüre von ausgewählten Stücken des Kochschen Lesebuchs, 2 St. Verba liquida und auf -μι, die wichtigsten Verba anomala nebst vollständiger Repetition der Formenlehre nach Franke-v. Bamberg, Emendation der Pensa und Extemporalia, Auswendiglernen von Vokabeln nach Kübler, 4 St. Angermann.

Privatim wurde unter Kontrolle des Ordinarius Caesars bellum Gallicum zu Ende gelesen, von vielen Nepos und ausgewählte Stücke d. Chrestom. von Franke.

Deutsche Sprache, 2 St. Lektüre und Besprechung ausgewählter Stücke aus Masius' Lesebuch Teil II: Einübung der neuen Orthographie; Korrektur und Besprechung der Aufsätze, Deklamationsübungen. Höhne.

Französische Sprache, 2 St. Ausgewählte Stücke aus Herrigs prem. lect. Korrektur der Pensen und Extemporalien. Grammatik nach Plötz, Syntax und Formenlehre lect. I.—11: Perorierübungen. Köhler.

Religionslehre, 2 St. Einleitendes über Religion und Kirche, Bibel und Katechismus, Lektüre und Erklärung biblischer Abschnitte, die ersten 3 Hauptstücke. Höhne.

Geschichte, 2 St. Geschichte Griechenlands und Roms. Flathe.

Geographie, 2 St. Allgemeine Begriffe der Geographie: Afrika, Asien, Amerika und Australien. Flathe.

Mathematik, im S. 3 St.: Allgemeine Arithmetik bis zur Division. Im Winter 5 St.: Fortsetzung der allgemeinen Arithmetik bis zu den Potenzen mit ganzen positiven Exponenten (1 St.); Geometrie: Einleitung von den Winkeln, Dreiecken, Vierecken (4 St.). Meutzner.

Naturkunde, 2 St., nur im Sommer: Botanik mit Exkursionen. Meutzner.

B. In Künsten und Fertigkeiten.

1) *Gesangunterricht*, je eine Stunde für Choralsingen des ganzen Cötus, für Tenor, für Bass, für den grösseren Männerchor und für den auserwählten Chor. Turn- und Gesanglehrer Köhler.

2) *Turnunterricht* in drei Abteilungen mit je zwei wöchentlichen Unterrichtsstunden, dazu je eine Stunde für die Vorturner und für die Vicevorturner und eine Kürturnstunde für den gesamten Cötus. Turn- und Gesanglehrer Köhler. (Ausserdem ist zu freiwilligen Übungen unter Leitung des Turnlehrers jeden Tag im S. von 4—5 Uhr Nachm., im W. von 4 -1/2,5 Gelegenheit gegeben.)

3) *Kalligraphischer Unterricht* für solche Schüler der drei unteren Klassen, welche dessen noch benötigt sind. Turn- und Gesanglehrer Köhler.

4) *Zeichenunterricht* in 2 Abteilungen zu je 2 wöchentlichen Stunden. Realschullehrer Bunzel.

5) *Tanzunterricht* in 2 Abteilungen zu je 2 wöchentlichen Stunden während der Wintermonate. Tanzlehrer Brée.

II. Vermehrung des Lehrapparates.

A. Für die Lehrer-Bibliothek

wurden aus den etatsmässigen Mitteln angeschafft:

Lexicon Homericum von H. Ebeling. I 13. 14. II 9. — Aeschylos Perser übersetzt von Köchly. — Fragmenta philosophorum Graecorum coll. Mullach, III. — Platonis opera ed. Schanz, II 2. VIII. — Eudociae Violarium rec. Flach. — Blass, Die attische Beredsamkeit, III 2. — Poetae Latini minores rec. Baehrens, I. II. — Keller, Epilegomena zu Horaz, III. — Conze, Humann etc., Die Ergebnisse der Ausgrabungen zu Pergamon. — Boethlingk. Sanskritwörterbuch in kürzerer Fassung I, II. — Du Cange, Glossarium mediae et infimae Latinitatis von Henschel. — Ersch u. Gruber, Encyklopädie I 98. — Monumenta Germaniae historica. Scriptores antiquissimi IV 1. Poet. lat. med. aevi J 1. — Weber, Allgemeine Weltgeschichte. XV. — Cuno, Vorgeschichte Roms, I. — Petzholdt, Aus dem Nachlasse des Königs Johann von Sachsen. — Allgemeine deutsche Biographie, XI. — Grimm, Deutsches Wörterbuch IVa, II 2; VI 6, 7. — Lessings Laokoon v. Blümner. — Wilmanns, Kommentar zur Preussischen Schulorthographie. — Duden, Vollständiges Orthographisches Wörterbuch der deutschen Sprache. — Gemss, Kleines deutsches Wörterbuch für die Rechtschreibung. — Regeln und Wörterverzeichnis für die deutsche Rechtschreibung zum Gebrauche in den preussischen Schulen. — Desgl. zum Gebrauche an den bayerischen Schulen. — Pilger, Über das Verbindungswesen auf norddeutschen Gymnasien. — Verhandlungen der Direktoren-Versammlungen in den Provinzen des Königreichs Preussen, V. VI. VII. — Wunder, Ecce a. d. Kgl.

Landesschule Grimma 1880. — Hermes XV. — Fleckei»en u. Ma»iu». Neue Jahrbücher für klassische Philologie und Pädagogik, CXXI u. CXXII. — Fleckeisen. Supplemente XI. XII 1. — Bursian. Jahresbericht. Jahrg. VII 6—12; VIII 1—3. — Mitteilungen des deutschen archäologischen Instituts zu Athen, V. — Rheinisches Museum. N. F. XXXV. — Philologus XXXVIX. — Supplem. IV 1.2. — Philolog. Anzeiger X 3 ff. — Leipziger Studien III. — Zeitschrift für Gymnasialwesen, XXXIV. — Zeitschrift für österreichische Gymnasien, XXXI. — Literarisches Zentralblatt von Fr. Zarncke. Jahrg. 1880. — Mitteilungen aus dem Gesamtgebiete der Geographie. Jahrg. 1880, XXVI. — Jahrbuch über die Fortschritte der Mathematik von Ohrtmann, X. — Archiv der Mathematik und Physik von Grunert u. Hoppe. LXIV. — Blätter für literarische Unterhaltung von Gottschall, Jahrg. 1880. — Zeitschrift für bildende Kunst von Lützow. XV. — Europa. Jahrg. 1880. — Ausland. Jahrg. 1880. —

An Geschenken erhielten wir:

Vom Königl. Ministerium des Kultus und des öffentlichen Unterrichts: Richter, Verzeichnis der Periodica aus dem Gebiete der Litteratur, Kunst und Wissenschaft im Besitze der Kgl. öffentlichen Bibliothek zu Dresden. — Durch dasselbe von dem Herausgeber: Urkundliche Nachträge zu den geschichtlichen Nachrichten von dem reichsritterlichen Geschlechte Eberstein vom Eberstein auf der Rhön. Herausgeg. von L. F. Freiherrn v. Eberstein. 3. Folge. — Von der Königl. Bayerischen Akademie der Wissenschaften: Abhandlungen der philos.-philol. und hist. Klasse. XV 2. 3. — Sitzungsberichte derselben Klasse 1879 II 3. 1880. 1881, 1. — Von dem Kgl. Sächs. Statistischen Bureau: Zeitschrift desselben. XXV 3. 4. — Von Herrn Oberst Schumann in Meissen: Bunsen. Vollständiges Bibelwerk für die Gemeinde. — Von Herrn Realschuldirektor Dr. Loose: v. d. Pfordten, De dialecto Thessalica. — Henry, Aeneidea, or critical, exegetical and aesthetical remarks on the Aeneis. -- Von Frau Hofrätin Loth: Codex Augusteus v. J. Chr. Lünig, nebst Fortsetzungen u. Registern. — Von mehreren Mitgliedern des Lehrerkollegiums: Archäologische Zeitung XXXVIII. — Preuss. Jahrbücher XLV. XLVI. — Anzeiger für die Kunde deutscher Vorzeit, Jahrg. 1879. 1880.

Für die Lessing-Bibliothek:

Von Herrn Landgerichtsdirektor Lessing in Berlin: Nathan der Weise von G. E. Lessing. Prachtausgabe zum 15. Febr. 1881. — Von Herrn Pastor Kreyssig: Drei auf Lessing bezügliche Photographien. — Von dem Verfasser: Peter (Hermann), Das Urkundliche über G. E. Lessings Aufenthalt auf der Landesschule St. Afra 1741—1746 (Ausschnitt aus Schnorrs Archiv für Litteratur). — Derselbe: G. E. Lessing und St. Afra (Deutsche Rundschau v. Rodenberg, VII 6). —

Für die Afraner-Bibliothek von den Herren Verfassern und bezüglich Herausgebern:

473. K. Roscher. Statistik des Bezirkes der Handels- und Gewerbekammer Zittau aus den Jahren 1871--1877, 11. Teil. — 506. 513. 514. Kohlschütter, 2 Predigten und eine Gedächtnisrede. -- 507. Homers Iliade von Fäsi I 2. 6. Auflage besorgt von R. Franke. — 508. Aufgaben zum Übersetzen in das Griechische von Fr. Franke. 9. Aufl. besorgt von R. Franke, I. u. 2. Kursus. — 509. Milberg (Ernst), Über die moralischen Wochenschriften des 18. Jahrhunderts. — 510. Loth (Otto). Zwei arabische Papyrus. — 511. Flathe, Die Memoiren des Herrn v. Friesen. — 512. Abendroth (G. A.). Grossedlitz. 2. Aufl. von W. Abendroth. —

B. Für die Schüler-Bibliothek

wurden geschenkt 12 Ausgaben lat. u. griech. Klassiker von dem Abiturienten von Seydewitz. — Angekauft wurden für Prima: Hertzberg, Geschichte Roms. Ribbeck. Ritschl I. Scheffel, Ekkehard. Desor u. A., Vorträge. 5. Bd. Wolff. Wilder Jäger. Falke, Hellas und Rom, Lief. 19—35. Schultze. Unter dem Kreuze. Ebers, Der Kaiser. Freytag. Aus einer kleinen Stadt. — Für Sekunda: Jansen. Pfarrhaus von Fernbrook. Ule, Wunder der Sternenwelt. Auerbach, Auf der Höhe. Schmidt u. A.. Wanderungen im bayrischen Gebirge. Allerlei aus der Oberlausitz. Moschkau, Saxonia. Jahrg. 1876 1879. Helmken, Dom von Köln. Stacke, Deutsche Geschichte. Sommer. Rudolstädter Klänge. — Für Tertia: Michael. Schule des Lebens. Otto, Goldmacherdorf. Hempel. Im Feuerregen. Passow, Die schwarzen Napoleone.

C. Für den naturwissenschaftlichen Unterricht

wurde angekauft: 1 Röhre mit Glashahn zu Torricellis Versuch; 1 gute Wage, zugleich für spezif. Gewichtsbestimmungen, in Glaskasten. 1 Torso nach Bock (zerlegbar). Kleinere chemische Requisiten. — Annalen der Physik, N. F., B. 10, 11, 12; Beiblätter B. 4.; Zippel und Bollmann. Ausländische Kulturpflanzen (11 Tafeln).

Aus dem Reste der von Herrn stud. med. Glöckner geschenkten Summe (s. Jahresber. v. 1880, S. 52) wurden bestritten die Kosten eines hydraulischen Widders, eines Uranglaswürfels und eines kleinen Destillationsapparates. Herr Apotheker Schlimpert schenkte eine Anzahl grösserer Chromalaunkrystalle. Ferner wurden geschenkt: 4 Tannenstäbchen im Akkord gestimmt; 1 Zentrifugalbahn: 1 Stativ für 3 Lichter (geradl. Fortpfl. des Lichtes); 1 Luftstossapparat und 1 Tischchen zum Skioptikon. -- Zur Untersuchung der Luftverhältnisse der Schule wurden ausserdem auf Verordnung des kgl. Ministeriums angekauft: 1 August-sches Psychrometer und 1 vollständiger Pettenkofer'scher Apparat mit den erforderlichen Chemikalien. -

III. Statistik der Landesschule.

Seit dem Schulfeste 1880 verliessen die Anstalt:

a) durch Abgang zur Universität zu Ostern 1881:

	Wissensch. Cens.	Sittencens.	Beruf.
1. *Richard Ponickau* aus Mülsen St. Jakob	IIa.	I	st. Theol. u. Phil.
2. *Karl von Seydewitz* aus Sohland	II.	Ib.	- Jura.
3. *Walter Römisch* aus Dresden	II.	I.	- Jura.
4. *Julius Hähnel* aus Niederrödern	IIb.	Ib.	- Theol.
5. *Hans von Keller* aus Leipzig	IIb.	I..	wird Militär.
6. *Oswald Schmiedel* aus Dresden	IIIa.	IIa.	st. Jura.
7. *Heinrich Richter* aus Oberrabenstein	II.	I.	- Theol.
8. *Karl Graf* aus Vorbrücke	IIb.	I.	- Jura.
9. *Heinrich Lorenz* aus Freiberg	IIIa.	I.	- Theol.
10. *Georg Schnorr* aus Mügeln	II.	Ib.	st. Math. u. Naturw.
11. *Erich Müller* aus Grossenhain	IIIa.	IIa.	st. Medic.
12. *Rudolf Kretzschmar* aus Siebenlehn	IIIa.	Ib.	- Theol.
13. *Friedrich Damm* aus Meissen	IIIa.	Ib.	- Medic.
14. *Karl Müller* aus Krebes	IIb.	Ib.	- Theol.
15. *Konrad Streit* aus Mittweida	IIb.	IIa.	- Medic.
16. *Max Hager* aus Kloschwitz	IIIa.	IIa.	- Medic.
17. *Bruno Vogt* aus Herrnhut	IIIa.	Ib.	- Jura.
18. *Georg Vogel* aus Callnberg	IIIa	II.	- Medic.
19. *Johannes Friedrich* aus Schönfeld	III.	IIb.	- Theol.

b) auf andere Schulen oder zu anderem Berufe:

20. *Curt Suppe* aus Taucha, von Ib (dimitt.).
21. *Karl Fritzsche* aus Freiberg, von IIb, um Kaufmann zu werden.
22. *Bernhard Meissner* aus Borna, von Ib, auf das Königl. Gymnasium zu Leipzig.
23. *Curt Härtig* aus Grossenhain, von Ib. auf die Thomasschule zu Leipzig.
24. *Max Kleinpaul* aus Spansberg, von Ib, auf das Gymnasium zu Freiberg.
25. *Georg Kretzschmar* aus Schandau, von Ib, auf das Vitzthumsche Gymnasium zu Dresden.
26. *Erich von Schröter* aus Pegau, von IIa, auf das Gymnasium zu Freiberg.
27. *Ernst Freiesleben* aus Dresden, von Ib, um Militär zu werden.
28. *Hermann Rudolph* aus Crossen, von IIIb, auf das Gymnasium zu Freiberg.
29. *Max Mehner* aus Sebnitz, von Ib, um Lehrer zu werden.
30. *Hugo Flemming* aus Oschatz, von Ib, auf das Gymnasium zu Dresden-Neustadt.
31. *Eduard Heusch* aus Aachen, von IIIa, auf das Vitzthumsche Gymnasium zu Dresden.
32. *Erich Pilling* aus Dresden, von IIIa, auf das Gymnasium zu Dresden-Neustadt.
33. *Rudolf Kunze* aus Mittweida, von IIa, auf ein Privatinstitut zu Dresden.
34. *Max Klette* aus Dresden, von Ia, auf das Gymnasium zu Dresden-Neustadt.

Aufgenommen wurden zu Ostern 1881:

Nach IIa:
1. *Friedrich Ebert* aus Oberhohndorf, Extr.
2. *Walter Vogel* aus Zwickau, Al.

Nach IIb:
3. *Hugo Apel* aus Pirna, Al.
4. *Paul Eckardt* aus Dresden, Al.

Nach IIIa:
5. *Gustav Wahl* aus Dresden, Al.

Nach IIIb:
6. *Johannes Reinwarth* aus Sebnitz. Al.
7. *Ludwig Walter* aus Freiberg, Al.
8. *Arnold Streit* aus Chemnitz, Al.
9. *Rudolf Hirschberg* aus Meissen, Al.
10. *Viktor Böhmert* aus Dresden, Al.
11. *Otto Bahrmann* aus Hirschstein, Al.

12. *Walter Förster* aus Pirna, Al.
13. *Reinhold Nicolai* aus Nossen, Al.
14. *Franz Caspari* aus Reichenau, Al.
15. *Ernst Rietschel* aus Dresden, Extr.
16. *Max Adler* aus Döbeln, Extr.
17. *Ottokar Horn* aus Sadisdorf, Extr.
18. *Georg Wärkert* aus Löbau, Extr.
19. *Alfred Müller* aus Greiz, Extr.
20. *Franz Dornheim* aus Coswig, Extr.
21. *Gustav Hammer* aus Altenhain, Extr.
22. *Hermann Kasten* aus Rosenberg, Extr.
23. *Paul Neubert* aus Freiberg, Al.
24. *Kurt Hartung* aus Schandau, Al.
25. *Franz Dietel* aus Glauchau, Extr.
26. *Albert Stock* aus Dresden, Al.

27. *Arthur Heim* aus Freiberg, Al.
28. *Kurt Seyfert* aus Leipzig, Extr.
29. *Walter Hurban* aus Dresden, Extr.

30. *Richard v. Pope* aus Kamenz, Al.
31. *Karl v. Oppel* aus Zöschau, Extr.

IV. Prämien, Stipendien und Schulgelderlass.

1. *Prämie* auf die beste lateinische Elegie. Prof. Dr. F l e i s c h e r hatte das Thema gegeben: Ave imperator, morituri te salutant. Das beste Gedicht wird am Schulfeste vorgetragen werden.

2. *Uhlemannsche Stiftung.* S. Jahresber. 1843, S. 70, 1844, S. 3, 1854. S. 46, 1876. S. 45. Nach dem Michaelisexamen 1880 erhielt diese Prämie der Unterprimaner F e l i x P a u s e aus Waldheim, zu Königsgeburtstag d. J. der Oberprimaner G e o r g W o l f aus Dresden.

3. *Dillersche Stiftung* für Fleiss und Fortschritte in der deutschen Sprache. S. Jahresber. 1837, S. 58, 1838, S. 58. Im vorigen Jahre erhielten diese Prämie der Oberprimaner K o n r a d S t r e i t aus Mittweida, der Obersekundaner K u r t L i n d n e r aus Penig und der Obertertianer F r a n z K i r s e c k aus Neusalza.

4. *Schumannsche Prämie* für Fleiss und Fortschritte in der hebräischen Sprache. Diese in einer hebräischen Bibel bestehende Prämie hat der Lehrer der hebräischen Sprache, Prof. Dr. H ö h n e, dem Unterprimaner J o h a n n e s F r i e d r i c h aus Beyersdorf zuerkannt.

5. *Bräunlichsche Stiftung.* S. Jahresber. 1844, S. 4. Von den Zinsen dieser Stiftung erhielten nach dem Osterexamen 1881 der Obersekundaner M a r t i n H o r n aus Sadisdorf und der Untertertianer M a x S c h m i e d e l aus Kayna je 6 M. 75 Pf. zum Ankauf von Schulbüchern.

6. *Afraner-Stiftung* für Privatfleiss und sittliches Wohlverhalten. S. Jahresber. 1848, S. 71. Im vorigen Jahre erhielten diese Prämie nach dem schriftlichen Vorschlage der Inspektoren mit Genehmigung des Lehrerkollegiums die Oberprimaner R i c h a r d P o n i c k a u aus Mülsen St. Jacob und H e i n r i c h R i c h t e r aus Oberrabenstein.

7. *Stipendium der alten Afraner.* S. Jahresber. 1874, S. 41. Dasselbe erhielt Ostern d. J. nach dem schriftlichen Vorschlage der Abiturienten mit Genehmigung des Lehrerkollegiums der Abiturient R i c h a r d P o n i c k a u aus Mülsen St. Jakob.

8. Die *Reinhardsche Geldprämie* von 12 M. erhielt zu Michaelis 1880 der Oberprimaner H e i n r i c h R i c h t e r aus Oberrabenstein, zu Ostern 1881 der Unterprimaner M a x K r ö b e r aus Methewitz.

9. Das *Kreyssigsche Viatikum* erhielten zu Ostern 1881 die Oberprimaner K a r l v o n S e y d e w i t z aus Sohland und H e i n r i c h R i c h t e r aus Oberrabenstein.

10. Aus dem *Geyersbergschen Legat* (126 M.) erhielten Johannis vor. Jahres der Oberprimaner H e i n r i c h R i c h t e r aus Oberrabenstein, der Obersekundaner O t t o G r o s s aus Rosswein und der Obertertianer F r a n z K i r s e c k aus Neusalza, zu Weihnachten der Oberprimaner R i c h a r d P o n i c k a u aus Mülsen St. Jacob, der Obersekundaner M a r t i n H o r n aus Sadisdorf und der Obertertianer T h e o d o r E i s s n e r aus Constappel jeder 21 M.

11. *Bücherprämien* erhielten nach dem Michaelisexamen 1880 der Oberprimaner W a l t e r R ö m i s c h aus Dresden, der Obersekundaner K u r t L i n d n e r aus Penig, der Untersekundaner J o h a n n e s K u n z e aus Dittmannsdorf und der Obertertianer K a r l A r n o l d aus Grossenhain, nach dem Osterexamen 1881 der Unterprimaner G e o r g W o l f aus Dresden, der Obersekundaner G e o r g E u l i t z aus Wermsdorf, der Untersekundaner H e r m a n n K r u s p e aus Dittmannsdorf, der Obertertianer F e l i x S t r e i t aus Mittweida und der Untertertianer H u g o E h r l i c h aus Rausslitz.

12. Die *Moschesche Prämie* im Betrage von 30 M. für den besten lateinischen Aufsatz in der Oberprima im Michaelisexamen erhielt 1880 der Oberprimaner R i c h a r d P o n i c k a u aus Mülsen St. Jacob (s. Jahresber. 1876, S. 43).

13. Die *Niethammersche Stiftung* (s. Jahresber. 1879, S. 79) wurde vor den grossen Ferien des vorigen Jahres zum ersten Male verliehen, an einen Oberprimaner.

14. Das *Lindemuthsche Stipendium* wurde zu Ostern d. J. auf 3 Jahre verliehen dem stud. med. T h e o d o r F l a t h e (aus Plauen) in Leipzig.

15. Das *Schulgeld* wurde auf Grund der Verordnung des Ministeriums des Kultus und öffentlichen Unterrichts vom 15. September 1876 (s. Jahresbericht 1877, S. 45) folgenden Schülern

54

g a n z erlassen: F u r 4 Quar ta l e: Schadebrod, Agsten, Horn I., Kruspe, Gohre, Hartung, Kirseck, Ehrlich, Walther; f ü r 2 Q u a r t a l e: Damm, Kretzschmar I., Nicolai, Richter I., Hähnel, Mehner, Hohmann, Dornheim, Müller III., Horn II.; f ü r 1 Q u a r t a l: Hänel, Paul; z u r H ä l f t e: F ü r 4 Q u a r t a l e: Pause, Förstemann, Lindner, Schneider, Köhler I., Weinberger, Städter, Höfer, Hahn, Streit II., Reuss; f ü r 3 Q u a r t a l e: Schmiedel II.; f ü r 2 Q u a r t a l e: Ponickau, Streit I., Müller II., Vogt, Friedrich I., Hohmann, Nicolai, Ludwig; f ü r 1 Q u a r t a l: Härtig.

— —

V. Chronik.

Das L e h r e r k o l l e g i u m besteht aus folgenden Mitgliedern:

1. Hermann P e t e r, Dr. phil., Rektor und erster Professor, Klassenlehrer der Oberprima, seit dem 9. Oktober 1871 (geb. zu Meiningen am 7. September 1837).

2. Wilhelm M i l b e r g, Dr. phil., zweiter Professor, seit dem 24. August 1850 (geb. zu Halle am 9. September 1813).

3 Theodor F l a t h e, Dr. phil., dritter Professor, seit dem 9. Januar 1867 (geb. zu Tanneberg bei Nossen am 1. Juni 1827).

4. Emil H ö h n e, Dr. phil. und Lic. theol., vierter Professor, seit dem 21. April 1873 (geb. zu Niederfähre bei Meissen am 6. April 1843).

5. Theodor K ö h l e r, Dr. phil., fünfter Professor, seit dem 12. Oktober 1868 (geb. zu Grimma am 4. Januar 1843).

6. Konstantin A n g e r m a n n, Dr. phil., sechster Professor, Klassenlehrer der Unterprima, seit dem 18. April 1868 (geb. zu Höckendorf bei Königsbrück am 11. August 1844).

7. Wilhelm R o s c h e r, Dr. phil., siebenter Professsor, Klassenlehrer der Obersekunda, seit dem 17. April 1871 (geb. zu Göttingen am 12. Februar 1845).

8. Paul M e u t z n e r, Dr. phil., achter Professor, seit dem 8. April 1872 (geb. zu Plauen i. V. am 17. Februar 1849).

9. Kurt F l e i s c h e r, Dr. phil., neunter Professor, Klassenlehrer der Untersekunda, seit dem 7. Oktober 1873 (geb. zu Leipzig am 14. Oktober 1847).

10. Konrad S e e l i g e r, Dr. phil., neunter Oberlehrer, Klassenlehrer der Obertertia, seit dem 8. April 1880 (geb. zu Nossen am 6. Juli 1852).

11. Hans G i l b e r t, zehnter Oberlehrer, Klassenlehrer der Untertertia, seit dem 8. April 1880 (geb. zu Bautzen am 6. Juli 1854).

Dazu als ausserordentliches Mitglied des Kollegiums: Julius K ö h l e r, ständiger Fachlehrer des Turn- und Gesangunterrichts seit dem 1. Oktober 1876 (geb. zu Johanngeorgenstadt am 20. März 1852).

Einen schweren Verlust erlitt unsere Schule durch den Tod ihres Haus- und Rentbeamten, des Hofrat Dr. Karl L o t h. Derselbe war am 3. Juli 1868 in dies Amt eingetreten und hat dasselbe bis zu seinem Tode mit unermüdlicher Gewissenhaftigkeit und regem Interesse für die Schule und ihr Gedeihen verwaltet. Wie Jeder, der mit ihm in Verkehr gestanden hat, die Liebenswürdigkeit seines Wesens und die ruhige Gleichmässigkeit seiner Stimmung zu rühmen weiss, so hat er sich den besonderen Dank der Anstalt dadurch gesichert, dass er mit rastlosem Eifer den Neubau der Schule betrieben und gefördert hat. Es ist ihm beschieden gewesen, die Vollendung desselben noch zu erleben und die Allerhöchste Anerkennung seiner Thätigkeit durch die Verleihung des Hofratstitels im Jahre 1878 und des Albrechtsordens, den ihm S. Majestät am 1. Juli 1879, dem Tage der Einweihung, eigenhändig überreichte, zu erfahren. Seitdem aber ist er mehrfach durch ein sich steigerndes Herzleiden heimgesucht worden, ohne dass er jedoch dadurch auf längere Zeit seine Amtsführung hätte unterbrechen lassen, bis es in Folge der starken gemütlichen Aufregung über den Tod eines Sohnes und eine hinzukommende Erkältung einen gefährlicheren Charakter annahm und nach vierzehntägigem Kranksein am 3. Mai d. J. seinem Leben ein Ende machte. Die Schule ehrte am Vorabend seiner Beerdigung, dem 5. Mai, sein Andenken dankbarlichst durch ein ausserordentliches Ecce, wobei der Rektor ein Bild seiner Persönlichkeit und seines Wirkens entwarf: am Tage darauf gab ihm das Lehrerkollegium und der gesamte Cötus das letzte Geleite. Im Auftrage des Königl. Kultusministeriums wohnte Herr Geh. Schulrat Dr. Ilberg der Feier bei.

Die sittliche Haltung und das wissenschaftliche Streben des Cötus im abgelaufenen Schuljahr verdient im allgemeinen unsere Anerkennung, wenn auch in den verschiedenen Klassen in verschiedenem Masse. Der Gesundheitszustand war normal.

Am 9. November besuchte Herr Geh. Schulrat Dr. Ilberg die Anstalt und wohnte dem Unterricht in allen Klassen und bei fast allen Lehrern bei.

Dem Nestor der sächsischen Gymnasialrektoren, Prof. Dr. Eckstein, brachte am Tage seines 50jährigen Amtsjubiläums, dem 6. Januar, der Rektor die herzlichsten Glückwünsche unserer Landesschule dar.

Die Schulfeierlichkeiten sind sämtlich in der gewöhnlichen Weise begangen worden, das Schulfest am 3. Juli früh durch das Gebet auf dem Götterfelsen und durch einen Redeaktus in der Aula, nachmittags durch eine Partie auf dem Dampfschiff nach Cossebaude, der Sedantag am 2. September früh im Tännichtgrunde, wohin vom Cötus marschiert war, durch eine Rede des Prof. Dr. Angermann („die Tage von Leipzig, Belle Alliance und Sedan als die Vorstufen des deutschen Kaisertums"), der die Vorlesung eines kurzen Berichts über die geschichtlichen Ereignisse von der Kriegserklärung bis zur Schlacht von Sedan vorausging, und durch den Vortrag selbstverfasster patriotischer Gedichte durch die Oberprimaner H. v. Keller und K. Streit, nachmittags durch Turnspiele in Weistropp. Der Kirmessball fand am 8. November, der Fastnachtsball am 15. Februar statt. Für die Nachfeier des Geburtstags Sr. Majestät des Königs Albert war der 23. April bestimmt: an diesem Tage hielt in dem Aktus in der geschmückten Aula die Festrede Prof. Dr. Köhler über Petrarca; daran schloss sich eine lateinische Rede des Oberprimaners G. Wolf („Non omnia apud priores fuisse meliora, sed nostram quoque aetatem multa laudis et artium imitanda posteris tulisse") und der Vortrag eines deutschen Gedichts von dem Unterprimaner K. Graf; nachmittags wurde vor einem zahlreich versammelten Publikum unter Leitung des Gesanglehrers Köhler Wüllners Komposition „Heinrich der Finkler" von dem Schülerchor aufgeführt. — Die Turnfahrt wurde bei dem günstigsten Wetter am 18. Mai nach Nossen gemacht, hinwärts mit einem bedeutenden Umweg.

Am 20. November, dem Tage vor dem Totenfest, wurde durch Professor Dr. Flathe das allgemeine Ecce für folgende alte Afraner gehalten:[1])

1) Heinrich Ferdinand Müller aus Dresden, Kreisdirektor a. D., Komthur d. V.-O., Afran. 25. Septbr. 1805 bis Michaelis 1807, † im 85. Lebensjahre 5. Februar 1880. — 2) Johann Samuel August Hofmann aus Cölln b. Meissen, emerit. Pfarrer zu Wildenhain, Afran. 6. April 1807 bis Mich. 1832, † 6. Septbr. 1880 zu Grossenhain. — 3) Justus Benjamin Crusius aus Rietdorf, Pastor emer. v. Hartha, Afran. 21. März 1811 bis 8. März 1817, † 10. Novbr. 1880 in Kötzschenbroda. — 4) Hans Konrad Hermann aus Dresden, Rechtsanwalt und Notar, R. d. A.-O., Afran. 11. Dezbr. 1815 bis 8. Oktbr. 1819, † 3. Septbr. 1880 zu Dresden. — 5) Karl Friedrich Flemming aus Jüterbock, 1824 bis 54 Direktor der Irrenheilanstalt zu Sachsenberg b. Schwerin, Geh. Medizinalrat, Ritter mehrerer O., Afran. 23. April 1816 bis Ostern 1818, † 27. Jan. 1880 in Wiesbaden. — 6) Karl Julius Wilhelm von Oppel aus Freiberg, Besitzer des Ritterguts Wellerswalde bei Oschatz, Afran. 14. Oktbr. 1816 bis 24. März 1821, † 22. Febr. 1880. — 7) Karl Ludwig Schmalz a. Moritzburg, Gerichtsamtmann in Pirna, 1872 in Ruhestand getreten, Afran. 14. Oktbr. 1822 bis 15. Juni 1827, † 11. Jan. 1880. — 8) Christoph Arndt v. Egidy aus Ottersitz, herzogl. Gothaer Kammerherr, Regierungs- und Justizrat a. D., Afran. 9. April 1823 bis 16. Aug. 1828, † in Koburg 20. April 1880. — 9. Karl Otto v. Kyaw aus Düben, erster Vicepräsident d. Ob.-Appellat.-Gerichts zu Dresden, 1874 in Ruhestand getreten, Komtur d. k. sächs. V.-O. 2. Kl., Afran. 29. April 1824 bis 19. März 1829, † 26. Aug. 1880 zu Blasewitz bei Dresden. — 10) Karl Fedor Günther aus Dresden, k. sächs. Oberst a. D., Afran. 11. April 1825 bis 28. Januar 1827, † zu Dresden 20. Juni 1880. — 11) Alexander Magnus Bautzmann aus Nossen, Rechtsanwalt in Dahlen, Afran. 24. April 1827 bis 7. März 1833, † 18. Oktbr. 1880. — 12) Gustav Adolf May aus Sebnitz, Dr. med. in Gross-Röhrsdorf b. Kamenz, Afran. 18. April 1833 bis 2. März 1839, † 24. Dezbr. 1879. — 13) August Müuckner aus Limbach b. Oschatz, Pfarrer zu Röhrsdorf b. Chemnitz, Afran. 23. Septbr. 1833 bis 26. Septbr. 1839, † 17. April 1880. — 14) Eduard Arthur Roux aus Bautzen, Dr. jur. und Rechtsanwalt in Leipzig, Afran. 4. Mai 1835 bis 11. März 1841, † 25. März 1880. — 15) Friedrich August Ernst Hofmann aus Walda, Pfarrer zu Skassa b. Grossenhain, Afran. 8. April 1839 bis 26. Septbr. 1844, † 23. April 1880. — 16) Heinrich Robert Freiherr v. Welck aus Oberrabenstein, Oberst und Kommandeur des Infan-

---

1) Die oben gegebenen Mitteilungen gründen sich auf die gütigen Aufzeichnungen des Herrn Pastor Kreyssig in Beicha und des Herrn Prof. Dr. Milberg.

terieregiments Nr. 102, Afran. 5. April 1842 bis 27. März 1844. † 22. Juli 1880 zu Zittau. — 17) Julius Bernhard Thieme aus Striesen b. Grossenhain, Dr. med. in Meissen. Afran. 17. Oktbr. 1851 bis 11. März 1858, † zu Colditz 5 Oktbr. 1880. — 18) Karl Joseph Röderer aus Kamenz, Militärarzt im Feldzug von 1870/71, Afran. 13. Oktbr. 1855 bis 8. April 1862, † zu Halle 6. Febr. 1880. — 19) Karl Albin Hahn aus Kamenz, Gerichtsreferendar a. D. zu Döbeln. Afran. 16. Oktbr. 1856 bis 2. Novbr. 1859, † 7. April 1880 zu Colditz. — 20) Hans Volkmar Zimmermann aus Meissen, Buchhändler. Afran. 13. Oktbr. 1866 bis 28. Juli 1868, † 7. März 1880. — 21) Wilhelm Franz Adolf Gasch aus Bentig b. Döbeln, Rechtskandidat in Dresden, Afran. 23. April 1868 bis 22. Septbr. 1875, † 18. Jan. 1880. — 22) Rudolf Wilhelm v. Carlowitz aus Liebstadt, stud. jur. zu Göttingen, Afran. 9. April 1872 bis Ostern 1878, † 11. Aug. 1880 in Görbersdorf in Schlesien. — 23) Paul Steinhausen aus Dresden, Afran. Mich. 1876 bis Mich. 1877, † 17. Febr. 1880 in Neapel als Kaufmann.

Endlich ist noch zu bemerken, dass am 15. Februar d. J. eine Feier der Erinnerung an den vor 100 Jahren verstorbenen grössten Afraner, G. E. Lessing, veranstaltet wurde; in dem Festaktus versuchte die Rede des Rektors die innere Einheit seiner sich in vielen Widersprüchen äussernden Persönlichkeit darzustellen, indem sie dasjenige hervorhob, was L. der Schule verdanke und was die jetzigen Schüler besonders von ihm lernen könnten: nach derselben verherrlichte der Unterprimaner J. Friedrich in einer lateinischen Elegie den Gründer der Fürstenschulen, den Kurfürsten Moritz, und der Oberprimaner H. v. Keller in einem deutschen Gedichte den einstigen Kommilitonen. Mittags folgte eine Festspeisung, zu welcher das Ministerium die Mittel bewilligt hatte.

Am Himmelfahrtstage, dem 26. Mai, fand die heilige Handlung der Konfirmation an 13 Schülern (6 Alumnen und 7 Extraneeren) durch den Pastor von St Afra, Herrn Dr. Ackermann, statt, nachdem sie seit Weihnachten von dem Religionslehrer der Anstalt, Prof. Dr. Höhne, einen besonderen Vorbereitungsunterricht erhalten hatten. An demselben Tage wurde, wie auch am Reformationsfest des vorigen Jahres, die gemeinschaftliche Abendmahlsfeier des Kollegiums und der konfirmierten Schüler begangen.

Die Abiturienten, die gesammte Oberprima (s. o. S. 52), fertigten bis auf den Primus, der durch Krankheit verhindert war, die schriftlichen Arbeiten in den Tagen vom 28. Februar bis 3. März an und bestanden am 10. und 11. März sämtlich glücklich das mündliche Examen, das unter dem Vorsitz des Herrn Geh. Schulrats Dr. Ilberg, als Königl. Kommissars, abgehalten wurde. Ihre feierliche Entlassung wurde mit der Geburtstagsfeier Sr. Majestät des Deutschen Kaisers am 22. März verbunden. Da valedicierten v. Seydewitz mit einer französischen, Römisch mit einer lateinischen. Richter mit einer griechischen, Streit mit einer deutschen Rede, Hähnel mit einem hebräischen Gebet. Valediktionsarbeiten hatten 13 Abiturienten eingeliefert. — Der Primus Ponickau unterzog sich dem Examen nach seiner Genesung nachträglich in den zwei letzten Wochen des Semesters.

Zu den Aufnahmeprüfungen zu Ostern d. J., 25.—27. April, waren nach Verordnung des Königl. Ministeriums 37 Schüler vorgeladen worden; von diesen trat einer vor der Prüfung zurück, 3 wurden verständigt oder nach derselben als ungenügend vorbereitet zurückgewiesen, bei 2 verzichteten die Eltern auf die Aufnahme, weil sie bei dem Certamen keine Stelle im Alumnat erhalten konnten, die übrigen 31 wurden, 18 als Alumnen, 13 als Extraneer (darunter 4 Stadtextraneer) in die Anstalt aufgenommen (s. S. 52).

Von den Verordnungen des Königl. Ministeriums des Kultus und öffentlichen Unterrichts sind folgende hier aufzuführen: Vom 24. Juni 1880 (Gen.-Verordng.): Die Direktionen der Gymnasien und Realschulen werden auf die in der Weidmannschen Buchhandlung in Berlin erschienene Schrift: „Ueber das Verbindungswesen auf norddeutschen Gymnasien" von Dr. Pilger aufmerksam gemacht. — Vom 5. Oktober 1880 (Gen.-Verordng.): Solche Hospitanten, welche nur in einzelnen Fächern am Unterrichte teilnehmen, haben pro Semester 4 Mark für jede wöchentliche Stunde zu entrichten; Aufnahme- und Abgangsgebühren sind von Hospitanten nicht zu erheben. — Vom 9. Oktober 1880 (Gen.-Verordng.): Die vom Königl. Ministerium veröffentlichte Schrift: „Regeln und Wörterverzeichnis für die deutsche Rechtschreibung zum Gebrauch in den sächsischen Schulen" hat von nun an als Norm für den orthographischen Unterricht und für die in den schriftlichen Arbeiten der Schüler einzuhaltende Rechtschreibung zu dienen und ist dieselbe als Schulbuch einzuführen. — Vom 2. November 1880: Die Rektoren der Gymnasien werden veranlasst, nach vorheriger Vernehmung mit dem Lehrer-Kollegium bis Ende Januar über die Erfahrungen Bericht zu erstatten, welche mit den durch das neue Gymnasialgesetz seit dem 1. April 1877 in Kraft getretenen Bestimmungen gemacht worden sind. — Vom 16. November 1880: Der Betrag des Göschenschen Stipendiums wird von Ostern 1881 ab auf jährlich 600 Mark erhöht. —

Vom 25. November 1880 (Gen.-Verordng.): „Bei Festsetzung der Sittenzeugnisse der Abiturienten in Gymnasien und Realschulen I. O., mögen sie ununterbrochen derselben Anstalt angehört haben oder nach freiwilligem oder unfreiwilligem Abgang von einer anderen Schule in dieselbe eingetreten sein, sind die ihnen während ihres Aufenthalts in Unter- und Oberprima zuerkannten Semestersittenzensuren zu Grunde zu legen und in einem der vorgeschriebenen Prädikate (unter Beifügung der entsprechenden Nummer in Parenthese) zusammenzufassen. Es ist daher Schülern, welche vor Ablegung ihrer Maturitätsprüfung abgehen, in den Abgangszeugnissen zu attestieren, welche Sittenzensuren ihnen während ihres Aufenthaltes in der Prima, soweit sie diese Klasse besucht haben, erteilt worden sind. Für dimittierte Schüler hat hierbei die entlassende Schule unter Angabe der Thatsache der Dimission und ihrer Veranlassung zugleich das Sittenzeugnis für das Semester, in welches die Dimission fällt, bez. für den erfüllten Teil des Semesters, unter Berücksichtigung der Dimission und der sonstigen sittlichen Führung während dieses Semesters, in einem der vorschriftsmässigen Prädikate (nebst beigefügter Nummer) festzusetzen, das bei Konstituierung des Maturitätszeugnisses in Rechnung zu bringen ist. Jedenfalls darf bei der Maturitätsprüfung einem Abiturienten, der früher aus der Prima einer andern Anstalt dimittiert worden ist, die erste Sittenzensur (I oder Ib) niemals erteilt werden. Auch ist in den Maturitätszeugnissen in der den Zensuren vorausgehenden Personalbezeichnung die Thatsache der Dimission und eventuell einer früheren Dimission, sofern solche während des Besuchs der Prima verhängt worden sind, jedoch ohne weitere Angabe der Veranlassung anzuführen. Es empfiehlt sich auch bei Festsetzung der allgemeinen Sittenzensur für Schüler, die aus einer anderen Klasse als der Prima abgehen, soweit es thunlich ist, ein analoges Verfahren wie bei Konstituierung der Maturitätssittenzensuren zu beobachten. Jedenfalls ist aber auch in diesen Abgangszeugnissen der Fall etwaigen unfreiwilligen Abgangs, und zwar mit Beifügung der Veranlassung desselben, anzugeben, und sofern der Abgehende bereits früher von einer anderen Schule dimittiert sein sollte, auch dieses Umstandes zu gedenken." — Vom 8. Dezember 1800: Es wird die bisher $^5/_6$ dlg betragende tägliche Kaffeeportion der Schüler vom 1. Januar 1881 ab auf $8._3$ g festgesetzt. — Vom 17. Dezbr. 1880 (Gen.-Verordng.): Aus Anlass eines ständischen Antrags sind in den Staatslehranstalten und den vom Staate verwalteten städtischen Lehranstalten Erörterungen über die Heiz- und Ventilationsanlagen zu veranstalten, welche in bautechnischer Beziehung von dem Landbaubeamten des Bezirks, in hygienischer Beziehung von den Professoren oder Lehrern der Physik und Chemie vorzunehmen sind.*) — Vom 31. Dezember 1880 (Gen.-Verordng.): Die Veranstaltung von Abschieds-Kommersen Seitens der noch nicht förmlich entlassenen Abiturienten ist zu untersagen; auch dürfen Schüler an Abschieds- oder studentischen Kommersen in keinem Falle teilnehmen. Zugleich wird die General-Verordnung vom 17. Mai 1876, die Vermeidung der Überbürdung der Schüler betr., aufs neue in Erinnerung gebracht. — Vom 18. Januar 1881: Das Königl. Ministerium genehmigt die beabsichtigte Feier des 100jährigen Todestages Lessings in der Fürstenschule Meissen. — Vom 1. März 1881 (Gen.-Verordng.): Das Königl. Ministerium empfiehlt die Ausgabe der „Melodieen zur Gottesdienstordnung für die evangelisch-lutherische Landeskirche des Königreichs Sachsen für Chor und Schule" zur Anschaffung für den Gesangunterricht und zu möglichster Verbreitung unter den Schülern. — Vom 8. März 1881: Die Einführung des Vokabulaire français von Haedicke für den französischen Unterricht zunächst in Untertertia wird genehmigt. — Vom 27. April 1881: Die Reinhardsche Geldprämie wird von Ostern 1882 ab auf halbjährig 15 Mark erhöht. — Vom 7. Mai 1881: Die im Nachlasse des Malers Pröll-Heuer vorgefundene Kopie des Grafschen Portrait Lessings ist für die Landesschule Meissen aus Mitteln der Prokuratur anzukaufen. — Vom 17. Mai 1881: Die Veranstaltung einer Geldsammlung unter den Schülern für den Zweck der Errichtung eines Denkmals Seiner Majestät des Königs Johann wird genehmigt.

Rechnungsabschlüsse.

a) der Afraner-Stiftung.

Der Afraner-Stiftung flossen in diesem Jahre folgende Geschenke zu: von den Abiturienten v. Seydewitz, Römisch, Hähnel, Schmiedel, Richter, Graf, Lorenz, Schnorl, Müller L., Kretzschmar, Damm, Müller H., Streit, Hager, Vogel, Friedrich je 3 M.; Ponickau, v. Keller, Vogt je 5 M., wofür wir hiermit bestens danken.

*) Die angeordneten Untersuchungen sind hier von Prof. Dr. Mentzner vorgenommen worden und haben ein sehr günstiges Resultat ergeben. Der Wissenschaft wegen werden sie in erweitertem Umfange fortgesetzt werden und es soll dann ausführlich über das Ergebnis berichtet werden.

Einnahmen.			Ausgaben.		
Kassenbestand am 31. Mai 1880	. . .	1007,00 M.	1 sächsisches Staatspapier incl. Zinsen		308,00 M.
Summe obiger Geschenke	. . . . .	63,00 „	10 Pensionen, je 94 M., nnd Porti	. .	941,10 „
Zinsen des Stammkapitales	. . . . .	1020,00 „		Summa	1249,10 M.
Sparkassenzinsen für 1880	. . . .	24,20 „			
Jahresbeiträge der 11 Mitglieder	. . .	66,00 „	Vergleichung.		
Programme, Schülerverzeichnisse, die auch			Einnahme	. . . .	2289,10 M.
in diesem Jahre v. Herrn Buchdruckerei-			Ausgabe	. . . .	1249,10 „
besitzer Klinkicht unentgeltlich gedruckt				Kassenbestand	1040,00 M.
worden sind, u. dgl.	. . . .	108,90 „	wovon Sparkasseneinlage	. .	1039,14 M.
	Summa	2289,10 M.	baar	. . . .	0,86 „
					nts.
			Nominalwert des Stiftungsvermögens	.	27040 M.

b) der Hilfskasse der Afraner-Stiftung.

Einnahmen.			Ausgaben.		
Kassenbestand am 1. Juni 1880	. . .	244,48 M.	1 sächsisches Staatspapier incl. Zinsen	.	304,75 M.
Zinsen des Stammkapitales	. . . . .	57,00 „	1 Pension und Porto	. . . . . .	25,10 „
Sparkassenzinsen für 1880	. . . . .	5,57 „		Summa	329,85 M.
Jahresbeiträge der 11 Mitglieder	. . .	66,00 „	Vergleichung.		
Eintrittsgelder der Kollegen Seeliger und			Einnahme	. . . .	388,45 M.
Gilbert	. . . .	12,00 „	Ausgabe	. . . .	329,85 „
Geschenke	. . . .	3,40 „		Kassenbestand	58,60 M.
	Summa	388,45 M.	davon Sparkasseneinlage	. .	57,93 „
			baar	. . . .	0,67 „
					nts.
			Nominalwert des Stiftungsvermögens		1758,60 M.

Stipendium der alten Afraner 1881.

Einnahmen.			Ausgaben.	
Das Stiftungskapital beläuft sich auf 6000 M. — Pf.			Stipendium des Abiturienten Richard	
Dazu Zinsen zu 4½% auf das Jahr			Ponickau, verliehen Ostern 1881 und	
vom 1. April 1880 bis 31. März 1881			unerhoben geblieben (wurde in die	
(in die Sparkasse eingelegt, siehe			Meissner Sparkasse für denselben	
Ausgabe)	. . . . . .	270 „ — „	deponiert)	. . . . . — M. — Pf.
Sparkasseneinlagen	. . . .	20 „ 70 „		Summa der Ausgabe — M. — Pf.
Sparkassenzinsen pro 1880	. . . .	— „ 66 „		
Sa. der Einnahmen		6291 M. 36 Pf.	Bestand der Stiftung	. . . . . 6291 M. 36 Pf.

Bei dem öffentlichen Redeaktus, Sonnabend, den 2. Juli, Vormittags 9 Uhr, zu welchem wir die Gönner und Freunde unserer Anstalt hiermit ergebenst einladen, werden folgende Vorträge gehalten werden:

1) Lateinische Rede des Oberprimaners Georg Wolf aus Dresden: Non minor est virtus quam quaerere parta tueri.

2) Griechische Rede des Oberprimaners Ernst Hohmann aus Grossenhain: Περὶ Πύρρου.

3) Deutsche Rede des Oberprimaners Max Kröber aus Methewitz: Die Entwicklung der deutschen Reichsverfassung im Mittelalter.

4) Deutsche Rede des Oberprimaners Felix Pause aus Waldheim: Welche Schwierigkeiten stellten sich der Einführung des Kopernikanischen Weltsystems entgegen?

5) Hebräischer Vortrag des Oberprimaners Johannes Friedrich aus Beyersdorf: Elias auf dem Berge Horeb.

6) Französische Rede des Oberprimaners Richard Obenaus aus Neapel: Pourquoi Wallenstein a-t-il été assassiné?

7) Lateinische Elegie des Unterprimaners Kurt Lindner aus Penig: Ave imperator, morituri te salutant.

Die Feierlichkeit wird der Unterzeichnete mit der Bekanntmachung der Prämien beschliessen.

Fürsten- und Landesschule St. Afra in Meissen, den 15. Juni 1881.

Dr. Hermann Peter.

Stundeneissen, Sommersemester 1881.

	Klasse.	Freitag.		Klasse.	Sonnabend.		
Vormittag.	Ia.	Religions.	Peter.	Ia.	Anal. Geometrie.	Milberg.	**Vormittag.**
	Ib.	...ch.	Flathe.	Ib.	Demosthenes.	Peter.	
	IIa.	Geschic...		IIa.	Geschichte.	Flathe.	
7—8.	IIb.	Lat. Gr...on.	Höhne.	IIb.	Xenophon.	Roscher.	**7—8.**
	IIIa.	Französ...		IIIa.	Ovid.	Seeliger.	
	IIIb.	Lat. Gr...netik.	Milberg.	IIIb.	Französisch.	Köhler I.	
	Ia.	Französ... rammatik.	Gilbert.	Ia.	Lat. Emendat.	Peter.	
	Ib.	Lat. St...tr. Analys.	Milberg.	Ib.	Lat. Disput.	Angermann.	
8—9.	IIa.	Trigono... Grammatik.	Peter.	IIa.	Lat. Disput.	Roscher.	**8—9.**
	IIb.	Cicero. ...chte.	Flathe.	IIb.	Lat. Emendat.	Fleischer.	
	IIIa.	Religio... Grammatik.	Roscher.	IIIa.	Lat. Emendat.	Seeliger.	
	IIIb.	Geogra... Grammatik.	Gilbert.	IIIb.	Lat. Emendat.	Gilbert.	
	Ia.	Deutsch ...on.	Höhne.	Ia.	Deutsch.	Höhne.	
	Ib.	Ilias. ...ichte.	Flathe.	Ib.	Lat. Emendat.	Angermann.	
9—10.	IIa.	Französ ...ot.		IIa.	Lat. Emendat.	Roscher.	**9—10.**
	IIb.	Geometr...hon.	Seeliger.	IIb.	Lat. Emendat.	Fleischer.	
	IIIa.	Lat. Gr...b.	Roscher.	IIIa.	Lat. Emendat.	Seeliger.	
	IIIb.	Griechis...h.	Gilbert.	IIIb.	Lat. Emendat.	Gilbert.	
	Ia.	Sophocl...	Höhne.		Singen (Bass).	Köhler II.	
	Ib.	Physik. ...us.	Fleischer.				
10—11.	IIa.	Deutsch ...matik.	Meutzner.				**10—11.**
	IIb.	Französ:	Roscher.				
	IIIa.	Geometr...trie.	Milberg.				
	IIIb.	Deutsch ...phie.	Flathe.				
11—12.		Turnen			Turnen (Vicevorturner).	Köhler II.	**11—12.**
		Zeichnel ...en. (Vorturner).	Köhler II. / Bunzel.				
12—¾1.		Lesen.					**12—¾1.**
Nachmitt.	Ia.	Physik.					**Nachmitt.**
	Ib.	Demostl...	Meutzner.				
2—3.	IIa.	Livius.	Angermann.				**2—3.**
	IIb.	Geschic...sisch.	Köhler I.				
	IIIa.	Caesar.	Fleischer.				
	IIIb.	Caesar.	Seeliger.				
	Ia.	Tacitus. ...restomathie.	Gilbert.				
	Ib.	Deutsch ...ides.	Angermann.				
3—4.	IIa.	Herodot ...netik.	Meutzner.		Kalligraphie.	Köhler II.	**3—4.**
	IIb.	Xenoph...	Milberg.				
	IIIa.	Xenoph...	Fleischer.				
	IIIb.	Mathem...	Seeliger. / Gilbert.				
4—5.					Allgemeines Kürturnen.	Köhler II.	**4—5.**
5—6.	IIa.	Hebräis... ...h.	Höhne. / Köhler I.		Singen (Tenor).	Köhler II.	**5—6.**
6—7.							**6—7.**
¼8—¼9.		Turnen 2...Abt. ...einer Chor).	Köhler II.				**¼8—¼9.**
¼9—9.		Singen (O...					**¼9—9.**

Stundenplan der Fürsten- und Landesschule zu St Afra in Meissen, Sommersemester 1881.

Klasse	Montag.		Klasse	Dienstag.		Klasse	Mittwoch.		Klasse	Donnerstag.		Klasse	Freitag.		Klasse	Sonnabend.	
Vormittag.	Ia	Religion.	Rüm.	Ia	Sophocles.	Flinzer	Ia	Thucydides.	Angermann	Ia	Religion.	Heber	Ia	Tacitus.	Peter	Ia	Anal. Geometrie.	Milberg	Vormittag.
7—8	Ib			Ib	Mathematik.	Meitzner	Ib	Demosthenes.	Peter	Ib			Ib	Deutsch.	Flathe	Ib	Demosthenes.	Peter	
	IIa	Geschichte.	Flathe	IIa	Arithmetik.	Milberg	IIa			IIa	Trigonometrie	Milberg	IIb	Religion.	Heber	IIa	Geschichte.	Flathe	7—8
	IIIa	Französisch.	Hobler I.	IIIa	Xenophon.	Becker	IIb	Religion	Heber	IIb	Chem.	Flinzer				IIb	Xenophon.	Becker	
	IIIb	Lat. Grammatik.	Gilbert	IIIb	Griech. Grammatik	Gilbert	IIIa	Arithmetik.	Milberg	IIIa	Französisch.	Hobler I.	IIIa	Arithmetik.	Milberg	IIIb	Französisch.	Hobler I.	
							IIIb	Geographie.	Flathe	IIIb	Lat. Chrestomathie.	Gilbert	IIIb	Lat. Grammatik.	Gilbert				
7—8	Ia	Französisch.	Hobler I.	Ia	Geometr. Analysis.	Milberg	Ia	Lat. Dispt.	Peter	Ia	Geschichte.	Flathe	Ia	Geometr. Analys.	Milberg	Ia	Lat. Exercit.	Peter	
	Ib	Lat. Stylistik.	Angermann	Ib	Ilias.	Flinzer	Ib	Mathematik.	Meitzner	Ib	Geschichte.	Flathe	Ib	Griech. Grammatik.	Peter	Ib	Lat. Dispt.	Angermann	
	IIa	Trigonometrie	Milberg	IIa	Lat. Grammatik.	Becker	IIa	Livius.	Becker	IIa	Physik.	Meitzner	IIa	Geschichte.	Flathe	IIa	Lat. Dispt.	Becker	8—9
	IIb	Chem.	Flinzer	IIb	Naturwissenschaft.	Meitzner	IIb	Geschichte.	Flathe	IIb	Französisch.	Hobler I.	IIIa	Griech. Grammatik.	Becker	IIb	Xenophon.	Becker	
	IIIa	Religion.	Heber	IIIa	Geschichte.	Flathe	IIIa	Arithmetik.	Milberg	IIIa	Xenophon.	Gilbert	IIIa	Griech. Grammatik.	Becker	IIIa	Lat. Exercit.	Seliger	
	IIIb	Geographie.	Flathe	IIIb	Caesar.	Gilbert	IIIb	Lat. Grammatik.	Seliger	IIIb	Religion.					IIIa	Lat. Exercit.	Seliger	

Verzeichnis

der Alumnen und Extraner der Fürsten- und Landesschule zu St. Afra in Meissen.
Schulfest 1881.

Name.	Geburts- Ort.	Geburts- Tag u. Jahr.	Vater.	Stelle.	Lehrer, welche den Verlag und die besondere Aufsicht übernommen haben.
Prima A.					
Wolf I., Georg, Extr.	Dresden	4. Sept. 1863	Rechtsanwalt	Extr. des Rektors	
Hohmann, Ernst	Grossenhain	5. Nov. 1860	Tuchmachermeister †	Grossenhain	Prof. Fleischer.
Kröber, Max	Methewitz	15. Okt. 1863	Privatmann, Lucka	Kgl. Freistelle	Der Rektor.
Pause, Felix	Waldheim	3. Aug. 1862	Privatmann †	Kgl. Freistelle	Prof. Köhler.
Friedrich I., Johannes	Beyersdorf	25. April 1862	Pfarrer in Rittmitz	Glashütte	Prof. Höhne.
Naumann I., Hugo	Störmthal	2. Nov. 1862	Oberpfarrer, Lichtenst.	Dittersbach	Prof. Höhne.
Förstemann, Karl	Wolfleben	16. Okt. 1862	Pfarrer †	Priesterstelle	Prof. Angermann
Böhmert I., Karl	Bremen	17. Aug. 1862	Regierungsrat u. Prof. zu Dresden	Kgl. Freistelle	Prof. Milberg.
Schadebrod, Willibald	Frankenberg	21. Aug. 1862	Bürgerschullehrer	Kgl. Freistelle	Prof. Roscher.
Rosenthal I., Friedrich	Cröbern	17. Juli 1863	Pfarrer	Wehlen	Prof. Köhler.
Mauckisch, Max	Lossa	17. Mai 1863	Rittergutspachter	Pirna	Prof. Milberg.
Vent, Heinrich	Weimar	24. Febr. 1863	Dr. med. †	Kgl. Freistelle	Prof. Meutzner.
Nicolai I., Christian	Waldheim	3. März 1862	Referendar †	Lommatzsch	Prof. Köhler.
Obenaus, Richard	Neapel	2. März 1862	Dr. med.	v. Schleinitz	Prof. Höhne.
Würkert I, Gotthold	Kamenz	2. Mai 1862	Pastor prim. in Lobau	Wend. Priesterstelle	Prof. Flathe.
15.					
Prima B.					
Lindner, Kurt	Penig	24. Febr. 1863	Amtsrichter	Kgl. Freistelle	Prof. Flathe.
Blüher, Bernhard	Freiberg	11. April 1864	Rechtsanwalt	Freiberg	Prof. Meutzner.
Gross I., Otto	Rosswein	17. April 1863	Kantor	Schlettau	Prof. Flathe.
Graf I., Konrad	Cölln	9. Jan. 1864	Pastor emer.	Priesterstelle	Prof. Meutzner.
Enlitz, Georg	Wermsdorf	1. Dez. 1862	Restaurateur, Rosswein	Kgl. Freistelle	Prof. Höhne.
Ockhardt, Georg	Falkenstein	2. Dez. 1862	Amtsrichter in Marien- berg	Kgl. Freistelle	Prof. Höhne.
Hartmann, Helge	Dresden	4. Okt. 1862	Redakteur	Kgl. Freistelle	Prof. Fleischer.
Königsdörffer, Johannes	Plauen i. V.	7. Dez. 1862	Dr. med. †	Kgl. Freistelle	Prof. Meutzner.
Naumann II., Albert	Wurzen	11. Febr. 1864	Amtsrichter	v. Schleinitz	Prof. Fleischer.
Schürer-Stolle, Gottfried	O.-Bobritzsch	28. Juli 1863	Pfarrer †	Priesterstelle	Prof. Flathe.
Gilbert, Arwed	Dresden	12. Jan. 1864	Geheimer Rat a. D.	O. Koststelle	Oberl. Gilbert.
Weinberger, Oskar	Grossenhain	26. Dez. 1862	Restaurateur †	Kgl. Freistelle	Prof. Meutzner.
Schneider, Otto	Glashütte	28. Febr. 1863	Uhrenfabrikant †	Kgl. Freistelle	Prof. Roscher.
Kessinger, Johannes	Wolkenstein	25. Juni 1862	Gerichtsrat, Chemnitz	Kgl. Freistelle	Prof. Fleischer.
Böhmert II., Paul	Dresden	10. Febr. 1863	Rechtsanwalt	Dresden	Prof. Milberg.
v. Kirchbach, Hans	Dresden	20. März 1864	Oberst, Grossenhain	O. Koststelle	Der Rektor.
Horn I., Martin	Sadisdorf	19. Juni 1862	Pfarrer	Gottleuba	Prof. Flathe.
Meissner, Ernst	Borna	17. Juli 1862	Dr. med. †	v. Schleinitz	Prof. Fleischer.
Legler, Theodor	Stolpen	29. Aug. 1860	Apotheker	Stolpen	Prof. Höhne.
Göpfert, Reinhold	Werdau	2. Juni 1863	Rechtsanwalt, Dresden	Dresden	Der Rektor.
Friedrich II., Oskar	Stollberg	29. Juli 1861	Kaufmann	Kgl. Freistelle	Prof. Angermann
Reinholdt, Georg	Frankenberg	18. Aug. 1863	Rechtsanwalt	Kgl. Freistelle	Der Rektor.
Müller I., Johann	Elster	16. April 1862	Bezirksschulinspektor in Schwarzenberg	Kgl. Freistelle	Prof. Flathe.
Rosenthal II., Johannes	Cröbern	23. Juni 1862	Pfarrer	O. Koststelle	Prof. Köhler.
24.					

Name.	Geburts-Ort.	Tag u. Jahr.	Vater.	Stelle.	Lehrer, welche den Verlag und die besondere Aufsicht übernommen haben.

Sekunda A.

Name.	Geburts-Ort.	Tag u. Jahr.	Vater.	Stelle.	Aufsicht
Kunze, Johannes	Dittmannsdorf	31. Aug. 1865	Pastor in Rosswein	Priesterstelle	Der Rektor.
Kruspe, Hermann	Dittmannsdorf	16. Dez. 1861	Pastor	Priesterstelle	Der Rektor.
Aesten, Georg	Waldheim	23. März 1863	Bahnhofsinspektor	v. Schleinitz	Prof. Angermann
Hofer, Arno	Reichenbach	25. Aug. 1864	Kaufmann	Famulatur	Prof. Köhler.
Rössler, Max	Leipzig	15. Nov. 1862	Postdirektor, Schandau	Sebnitz	Prof. Höhne.
Börner, Kurt	Rosswein	29. Jan. 1863	Dr. med.	Rosswein	Prof. Fleischer.
Henke, Alfred	Ebersbach	10. Mai 1863	Kaufmann	Kgl. Freistelle	Prof. Milberg.
Bier, Max	Oeckrilla	14. April 1864	Gutsbesitzer	v. Pflugk - Cottewitz bis Ostern 82	Prof. Höhne.
Krauer, Rudolf	Freiberg	3. Okt. 1863	Gerichtsrat a.D., Dresd.	Freiberg	Prof. Fleischer.
Wangemann, Arnold	Eisleben	6. Aug. 1863	Bezirksschulinspektor in Meissen	Siebenlehn	Prof. Roscher.
Kroker I., Paul	Ebersbach	28. Juli 1863	Rechtsanwalt	Kgl. Freistelle	Prof. Milberg.
Harig, Hans	Wurzen	28. Febr. 1864	Stadtpfarrer, Waldheim	v. Carlowitz	Prof. Milberg.
v. Einsiedel, Horst	Grosszössen	8. Okt. 1863	Rittergutsbesitzer in Wolfsthal	O. Koststelle	Prof. Milberg.
Gross II., Alfred	Dresden	31. März 1865	Kaufmann †	Kgl. Freistelle	Prof. Fleischer.
Richter I., Johannes	Annaberg	17. Juli 1864	Amtsrichter, Tharand	Freiberg	Prof. Höhne.
Köhler I., Max	Altenberg	12. Dez. 1863	Rentverwalter †	Famulatur	Prof. Meutzner.
Biehayn, Ernst	Tharand	25. Juni 1862	Dr. med.	v. Schönb.-Reichst.	Prof. Angermann
v. Welck I., Magnus	Riesa	26. Sept. 1864	Privatier, O.-Lössnitz	v. Miltitz	Prof. Angermann
Wauer, Ludwig, Extr.	Herrnhut	7. April 1864	Handelskammerpräs.	Extr. Pr. Angermann	
Jesumann, Paul	Freiberg	26. Juni 1865	Kassierer	Freiberg	Prof. Höhne.
Göhre, Paul	Wurzen	18. April 1864	Revisor, Dresden	Kgl. Freistelle	Prof. Milberg.
v. Feilitzsch, Georg	Ebersbach	16. Juli 1864	Diakonus	Priesterstelle	Prof. Köhler.
Rudolph, Paul	Reichenbach	17. Juli 1864	Kaufmann	O. Koststelle	Prof. Köhler.
Berlet, Otto	Medingen	23. Mai 1863	Pastor prim. in Penig	Priesterstelle	Der Rektor.
v. Raab, Raban	Leipzig	26. Juli 1863	Oberstlieuten., Meissen	v. Miltitz	Der Rektor.
Weissflog, Gustav	Annaberg	3. Juni 1864	Kaufmann	Annaberg	Prof. Milberg.
Kroker II., Gotthard	Ebersbach	11. Nov. 1864	Rechtsanwalt	O. Koststelle	Prof. Milberg.
v. Welck II., Otto	Dresden	28. Jan. 1863	Oberst †	v. Schönb.Ndrreinsb.	Der Rektor.
Peters, Felix	Schwarzenberg	30. Mai 1864	Badearzt in Elster	O. Koststelle	Der Rektor.
Ebert, Friedrich, Extr.	Oberbobndorf	20. März 1866	Rittergutsbesitzer in Leubnitz	Extr. des Rektors	
Vogel, Walther 31.	Zwickau	31. Aug. 1865	Rektor am Nikolai-Gymnasium in Leipzig	A. Koststelle	Oberl. Gilbert.

Sekunda B.

Name.	Geburts-Ort.	Tag u. Jahr.	Vater.	Stelle.	Aufsicht
Kirseck, Franz	Neusalza	30. Dez. 1865	Postmeister	Kgl. Freistelle	Prof. Roscher.
Arnold, Karl	Grossenhain	15. Mai 1865	Lohgerbereibesitzer	Famulatur	Der Rektor.
Streit I., Felix	Mittweida	4. Okt. 1864	Kaufmann †	Kgl. Freistelle	Prof. Angermann
Hänel, Kurt	Annaberg	8. Juli 1865	Kaufmann, Chemnitz	Annaberg	Prof. Höhne.
Hartung I., Rudolf	Schandau	30. Aug. 1865	Bürgermeister †	Meissen	Prof. Fleischer.
Rossbach, Paul	Lommatzsch	4. Mai 1865	Postmeister	Berggiesshübel	Prof. Köhler.
v. Sichart, Hans	Leipzig	5. Mai 1865	Major in Dresden	v. Schönb.-Wilsdruff	Prof. Angermann
Ludwig, Otto	Königstein	31. Dez. 1862	Dr. med.	Königstein	Prof. Flathe.
v. Schmid, Wilhelm	Berlin	19. März 1865	Premierlieutenant †	O. Koststelle	Prof. Meutzner.
Müller II., Karl	Meissen	26. März 1865	Weinbergsbesitzer	Meissen	Prof. Flathe.
Richter II., Georg	Neukirchen	11. Juni 1864	Rittergutsbesitzer †	A. Koststelle	Prof. Milberg.
Ohme, Adolf	Bahra	27. März 1864	Oberförster in Lang-burkersdorf	Neustadt b. Stolpen	Oberl. Gilbert.
Suppe, Horst	Taucha	1. Dez. 1864	Amtsrichter, Ebersbach	Hohnstein	Prof. Roscher.

Name.	Geburts- Ort.	Tag u. Jahr.	Vater.	Stelle.	Lehrer, welche den Verlag und die besondere Aufsicht übernommen haben.
Hahn, Martin	Tharand	15. Sept. 1864	Holzhändler	Famulatur	Der Rektor.
Hempel, Otto	Naundörfchen	20. März 1864	Rittergutsbesitzer †	O. Koststelle	Prof. Köhler.
Graf II., Friedrich, Extr.	Cölln	15. April 1866	Pastor emer.	Stadtextraneer	Prof. Meutzner.
Reuter, Martin	Zwota	31. Jan. 1865	Pfarrer in Somsdorf	Annaberg	Prof. Köhler.
Städter, Ernst	Altenberg	20. Aug. 1865	Markscheider	Ober-Polenz	Prof. Milberg.
Haymann, Hans	Riesa	17. Juli 1865	Dr. med.	O. Koststelle	Prof. Flathe.
v. Pflugk, Walter	Dresden	17. April 1864	Geh. Regierungsrat †	v. Pflugk in Osterland	Prof. Höhne.
Lehmann, Johannes	Ruttersdorf	3. Juli 1864	Pfarrer in Eytbra	v. Schleinitz	Prof. Meutzner.
v. Manteuffel, Kurt	Freiberg	20. April 1866	Bergwardein a. D.	Freiberg	Prof. Höhne.
Köhler II., Georg	Schmiedeberg	25. März 1865	Rentverwalter †	Kgl. Freistelle	Prof. Meutzner.
v. Witzleben I., Günther	Ebersbach	4. März 1864	Oberforstmstr., Dresdn.	A. Koststelle	Prof. Flathe.
v. Ziegesar, Fritz	Pillnitz	26. Juli 1864	Rittmeister †	O. Koststelle	Prof. Milberg
Röder, Ludwig, Extr.	Gera	9. Aug. 1864	Bankier in Leipzig	Extr. Prof. Milberg	
Schmalz, Paul	Glaubitz	30. Juni 1864	Pfarrer	Priesterstelle	Prof. Roscher.
Wolf II., Kurt, Extr.	Dresden	1. Febr. 1865	Rechtsanwalt	Extr. des Rektors	
Eissner, Theodor	Constappel	2. Okt. 1865	Dr. med. †	v. Schönberg-Ober-reinsberg bis Ost. 82	Prof. Angermann
Ibener, Erich	Grossenhain	7. Dez. 1864	Hauptsteueramts-Rendant in Meissen	A. Koststelle	Prof. Fleischer
v. Witzleben II., Walter	Ebersbach	16. Aug. 1865	Oberforstmstr., Dresdn.	v. Schönb.-Limbach	Prof. Flathe.
Fischer I., Georg	Dresden	8. Febr. 1865	Bergdirektor †	Freiberg	Prof. Roscher.
Apel, Hugo	Pirna	8. April 1866	Lohgerbereibesitzer	Pirna	Prof. Roscher.
Eckardt, Paul	Dresden	23. April 1867	Justizrat †	Dresden	Oberl. Seeliger.
34.					

Tertia A.

Name.	Geburts- Ort.	Tag u. Jahr.	Vater.	Stelle.	Lehrer.
Ehrlich, Hugo	Rausslitz	28. Febr. 1866	Schneidermst., Meissen	Kgl. Freistelle	Der Rektor.
Grossmann, Friedrich	Bischofswerda	2. Mai 1865	Fabrikbesitzer †	A. Koststelle	Prof. Köhler.
Förster, Hans	Pirna	10. Sept. 1864	Rechtsanwalt	Pirna	Prof. Roscher.
Rost, Hans, Extr.	Dresden	29. Aug. 1865	Maschinenfabrikant	Extr. Prof. Flathe	
Edelmann, Franz	Grünhain	13. Febr. 1866	Fabrikbesitzer	Grünhain	Prof. Fleischer.
Walther, Gustav	Dresden	12. Febr. 1866	Seminardirektor †	Dresden	Der Rektor.
Geyler, Max	Meerane	21. Nov. 1865	Amtsrichter, Lichteust.	O. Koststelle	Prof. Fleischer.
Haan, Karl	Technitz	7. Dez. 1864	Pfarrer	Priesterstelle	Prof. Milberg.
Burckhardt, Otto	Grimma	19. April 1867	Seminardirekt., Löbau	Kgl. Freistelle	Prof. Angermann
Mushacke, Hans	Altenburg	3. Sept. 1866	Bezirksschulinspektor in Dippoldiswalde	O. Koststelle	Prof. Köhler.
Wackwitz, Max	Ibanitz	18. Nov. 1864	Restaurateur, Meissen	Meissen	Prof. Roscher.
Fischer II., Rudolf, Extr.	Cassabra	14. Nov. 1866	Rittergutsbesitzer	Extr. Prof. Milberg	
Paul, Oskar	Grossenhain	12. Juni 1866	Kourektor †	Grossenhain	Oberl. Gilbert.
v. Bodenhausen, Georg, Extr.	Sorga	28. Jan. 1865	Rittergutsbesitzer	Extr. Prof. Flathe	
Nothnagel, Alfred	Meissen	4. März 1866	Porzellanmaler	Meissen	Prof. Meutzner.
Schmiedel I., Max, Extr.	Kayna	2. Nov. 1864	Schneidermeister	Stadtextraneer	Prof. Fleischer.
Nier, Rudolf, Extr.	Wohlbach	1. Aug. 1866	Pfarrer in Kesselsdorf	Extr. Prof. Flathe	
Winkler, Heinrich	Gössnitz	3. Juli 1865	Transportoberinspekt. in Dresden	Dresden	Oberl. Seeliger.
Reuss, Bruno, Extr.	Grossenhain	15. Febr. 1866	Kaufmann †	Stadtextraneer	Prof. Roscher.
Hantz, Johannes, Extr.	Schönerstädt	11. Okt. 1866	Pfarrer in Leipnitz	Extr. Prof. Köhler	
Wegner, Richard, Extr.	Meissen	21. Febr. 1866	Sekretär	Stadtextraneer	Prof. Höhne.
Ronitzsch, Eduard, Extr.	Korbitz	31. Jan. 1866	Gutsbesitzer	Stadtextraneer	Prof. Flathe.
Grosse, Paul	Colditz	30. April 1865	Amtsrichter, Freiberg	Altenberg	Oberl. Seeliger.
Strübell, Viktor, Extr.	Meerane	29. Aug. 1865	Fabrikbesitzer †	Extr. des Rektors	
Löwe, Theodor, Extr.	Cranzahl	23. Mai 1866	Pfarrer in Zadel	Extr. Prof. Köhler	
Wahl, Gustav	Dresden	5. Sept. 1866	Zolldirektor a. D.	v. Friesen	Prof. Angermann
26.					

Name.	Geburts-		Vater.	Stelle.	Lehrer, welche den Verlag und die besondere Aufsicht übernommen haben.
	Ort.	Tag u. Jahr.			

Tertia II.

Name.	Ort.	Tag u. Jahr.	Vater.	Stelle.	Lehrer
Reinwarth, Johannes	Sebnitz	8. Dez. 1867	Diakonus	O. Koststelle	Oberl. Gilbert.
Walter, Ludwig	Freiberg	21. Jan. 1868	Pfarrer	Priesterstelle	Prof. Meutzner.
Keil, Georg, Extr.	Leipzig	3. März 1865	Geh. Legationsrat	Extr. des Rektors	
Martini, Walter	Dresden	11. Jan. 1866	Major in Zittau	v. Schleinitz	Oberl. Seeliger.
Richter III., Otto	Annaberg	21. Aug. 1866	Amtsrichter	Zwönitz	Prof. Höhne.
Gleisner, Paul	Frohburg	15. Nov. 1865	Dr. med. in Penig	Penig	Der Rektor.
Streit II., Arnold	Chemnitz	10. Mai 1867	Kaufmann †	O. Koststelle	Prof. Angermann
Hirschberg, Rudolf	Meissen	31. Dez. 1867	Bürgermeister	A. Koststelle	Prof. Milberg.
Bohmert III., Viktor	Dresden	4. März 1868	Fabrikant in Berlin	A. Koststelle	Prof. Milberg.
Bahrmann, Otto	Hirschstein	13. Jan. 1867	Brauereibes. i. Meissen	A. Koststelle	Prof. Höhne.
Förster, Walter	Pirna	7. Sept. 1867	Rechtsanwalt	A. Koststelle	Prof. Roscher.
Nicolai II., Reinhold	Reichenbach, V.	12. April 1867	Stadtkassierer, Nossen	Nossen	Prof. Meutzner.
Caspari, Franz	Reichenau	3. Juli 1868	O.-Amtsrichter, Meissn.	A. Koststelle	Der Rektor.
Rietschel, Ernst, Extr.	Dresden	23. Aug. 1867	Dr. med. †	Extr. Prof. Flathe	
Adler, Max, Extr.	Döbeln	16. Juni 1867	Konditor	Stadtextraneer	Oberl. Gilbert.
Horn II., Ottokar, Extr.	Sadisdorf	19. Jan. 1867	Pfarrer	Extr. Prof. Flathe	
Wörkert II., Georg, Extr.	Löbau	29. Dez. 1866	Pastor primarius	Stadtextraneer	Prof. Flathe.
Müller III., Alfred, Extr.	Greiz	2. Okt. 1867	Diakonus in Glauchau	Extr. Prof. Köhler	
Dornheim, Franz, Extr.	Coswig	25. Febr. 1868	Gärtner in Weistropp	Stadtextraneer	Der Rektor.
Hammer, Gustav, Extr.	Altenhain	26. Juni 1866	Pfarrer in Bärnsdorf	Extr. Prof. Köhler	
Kasten, Hermann, Extr.	Rosenberg	13. Mai 1867	Rittergutsbesitzer	Extr. Pr. Angermann	
Neubert, Paul	Freiberg	25. Okt. 1867	Betriebsdirektor in St. Michaelis	Bergknappschaft	Prof. Flathe.
Hartung II., Kurt	Schandau	21. April 1868	Bürgermeister †	Schandau	Prof. Fleischer.
Dietel, Franz, Extr.	Glauchau	17. April 1867	Fabrikant	Stadtextraneer	Prof. Fleischer.
Stock, Albert	Dresden	20. Okt. 1866	Architekt †	Dresden	Oberl. Seeliger.
Heim, Arthur	Freiberg	1. Juli 1867	Rechtsanwalt	Freiberg	Prof. Meutzner.
Seyferth, Kurt, Extr.	Leipzig	4. Juni 1867	Kaufmann †	Extr. Prof. Flathe	
Harlan, Walter, Extr.	Dresden	24. Dez. 1867	Bankier	Extr. des Rektors	
v. Pape, Richard	Kamenz	10. Juli 1866	Regierungsrat in Sayda	v. Schönberg - Roth-schönberg	Oberl. Seeliger.
v. Oppel, Karl, Extr. 30.	Zöschau	26. Febr. 1867	Rittergutsbesitzer	Extr. Pr. Angermann	

Bestand des Cötus: 130 Alumnen, 30 Extraneer: 160 Schüler.